"敬业"还是"专业"

高校辅导员胜任力及其发展支持机制研究

朱凌云 著

中国社会科学出版社

图书在版编目（CIP）数据

"敬业"还是"专业"：高校辅导员胜任力及其发展支持机制研究/朱凌云著.—北京：中国社会科学出版社，2018.11
ISBN 978-7-5203-2045-0

Ⅰ.①敬… Ⅱ.①朱… Ⅲ.①高等学校—辅导员—工作—研究 Ⅳ.①G645.1

中国版本图书馆 CIP 数据核字（2018）第 027462 号

出 版 人	赵剑英
责任编辑	戴玉龙
责任校对	王洪强
责任印制	王　超
出　　版	中国社会科学出版社
社　　址	北京鼓楼西大街甲 158 号
邮　　编	100720
网　　址	http://www.csspw.cn
发 行 部	010-84083685
门 市 部	010-84029450
经　　销	新华书店及其他书店
印　　刷	北京明恒达印务有限公司
装　　订	廊坊市广阳区广增装订厂
版　　次	2018 年 11 月第 1 版
印　　次	2018 年 11 月第 1 次印刷
开　　本	710×1000　1/16
印　　张	11.75
插　　页	2
字　　数	192 千字
定　　价	75.00 元

凡购买中国社会科学出版社图书，如有质量问题请与本社营销中心联系调换
电话：010-84083683
版权所有　侵权必究

目　　录

第一章　绪论 ………………………………………………………… 1

第一节　研究背景 …………………………………………………… 2
第二节　研究问题的提出 ………………………………………… 10
第三节　研究意义 ………………………………………………… 13

第二章　文献综述 …………………………………………………… 15

第一节　中外高校辅导员胜任力研究的发展历程 ……………… 15
第二节　文献综合评述 …………………………………………… 16
第三节　高校辅导员胜任力相关理论研究 ……………………… 19
第四节　高校辅导员胜任力及其影响因素研究 ………………… 27
第五节　高校辅导员胜任力理论应用研究 ……………………… 29
第六节　高校辅导员职业发展支持机制建设的理论渊源 ……… 31

第三章　研究设计 …………………………………………………… 37

第一节　概念界定 ………………………………………………… 37
第二节　研究假设与理论框架 …………………………………… 41
第三节　研究方法 ………………………………………………… 43

第四章　首都高校辅导员的基本特征与职业发展 ………………… 53

第一节　首都高校辅导员队伍配备情况 ………………………… 53
第二节　首都高校辅导员工作现状及职业发展意愿 …………… 59
第三节　高校对辅导员的职业发展支持现状 …………………… 66
第四节　本章小结 ………………………………………………… 73

第五章　高校辅导员胜任力特征分析 ………………………………… 76

第一节　高校辅导员胜任力结构分析 ……………………………… 76
第二节　高校辅导员胜任力的特征差异分析 ……………………… 83
第三节　本章小结 …………………………………………………… 89

第六章　高校辅导员胜任力的影响机制分析 ………………………… 91

第一节　高校辅导员胜任力影响因素分析 ………………………… 91
第二节　高校辅导员胜任力影响机制路径分析 …………………… 98
第三节　本章小结 …………………………………………………… 105

第七章　高校辅导员胜任力影响机制的深层探讨 …………………… 107

第一节　研究问题与案例说明 ……………………………………… 107
第二节　高校辅导员胜任力情况典型案例 ………………………… 108
第三节　组织视角的辅导员胜任力及发展支持机制分析 ………… 119
第四节　本章小结 …………………………………………………… 131

第八章　结论与建议 …………………………………………………… 133

第一节　研究发现与讨论 …………………………………………… 133
第二节　促进辅导员专业化发展的高校组织支持策略 …………… 136
第三节　高校辅导员胜任力的发展支持机制 ……………………… 143
第四节　研究不足与研究展望 ……………………………………… 149

参考文献 ………………………………………………………………… 151

附　录 …………………………………………………………………… 160

附录一　首都高校辅导员职业状况调查问卷 ……………………… 160
附录二　辅导员职业生涯发展管理访谈提纲 ……………………… 171
附录三　关于辅导员职业生涯发展管理的职能部门领导
　　　　访谈提纲 …………………………………………………… 173
附录四　《知情同意书》 ……………………………………………… 176

致　谢 …………………………………………………………………… 178

图 目 录

图 2-1　胜任力模型类型 …………………………………………… 24
图 3-1　本书研究框架 ……………………………………………… 43
图 3-2　问卷设计流程 ……………………………………………… 45
图 4-1　样本总体的年龄结构 ……………………………………… 54
图 4-2　分院校类别的年龄结构 …………………………………… 55
图 4-3　高校辅导员发展阶段分布情况 …………………………… 56
图 4-4　高校辅导员专业背景分布情况 …………………………… 57
图 4-5　高校辅导员行政职务分布情况 …………………………… 58
图 4-6　高校辅导员专业技术职务分布情况 ……………………… 58
图 4-7　高校辅导员师生比情况 …………………………………… 59
图 4-8　高校辅导员职业动机总体情况及院校差异 ……………… 60
图 4-9　高校辅导员职责认同与投入情况对比及院校差异 ……… 61
图 4-10　高校辅导员职责认同与投入情况对比及发展阶段差异 …… 62
图 4-11　高校辅导员工作时间投入结构 ………………………… 63
图 4-12　高校辅导员工作时间投入院校差异 …………………… 64
图 4-13　高校辅导员工作时间投入结构发展阶段差异 ………… 65
图 4-14　辅导员政策支持的院校差异 …………………………… 68
图 4-15　辅导员政策支持的发展阶段差异 ……………………… 68
图 4-16　高校辅导员培训形式分布情况 ………………………… 70
图 4-17　高校对辅导员环境支持的院校差异 …………………… 71
图 4-18　高校对辅导员环境支持的发展阶段差异 ……………… 72
图 4-19　高校辅导员获得思想政治教育工作奖励情况 ………… 73
图 5-1　高校辅导员胜任力验证性因素分析参数估计路径 …… 80
图 5-2　高校辅导员胜任力结构的院校特点及对比 …………… 85
图 5-3　高校辅导员胜任力结构的岗位类别特点及对比 ……… 87

图 5-4　高校辅导员胜任力结构的发展阶段特点及对比 …………… 89
图 6-1　组织支持影响辅导员胜任力路径分析模型 ………………… 99
图 6-2　组织支持影响辅导员胜任力的结构方程模型路径系数 …… 100
图 6-3　组织支持影响辅导员胜任力的直接与间接效应 …………… 103
图 7-1　院校组织视角下辅导员胜任力特征各因素的频次统计 …… 119
图 7-2　高校辅导员行政序列发展路径 ……………………………… 129

表 目 录

表 2-1	胜任力定义	19
表 2-2	普遍观测效度的胜任素质	22
表 3-1	高校辅导员职业发展阶段	40
表 3-2	问卷调查有效样本基本情况统计	47
表 3-3	解释变量说明	48
表 3-4	接受访谈的辅导员基本信息	50
表 3-5	接受访谈的职能部门领导基本信息	51
表 4-1	高校辅导员职业动机基本描述统计	59
表 4-2	问卷调查有效样本基本情况统计	66
表 4-3	高校对辅导员政策支持情况的基本描述统计	67
表 4-4	高校辅导员获得培训进修机会的比例与频率情况统计	69
表 4-5	高校对辅导员环境支持的因子分析	70
表 4-6	高校辅导员获得思想政治教育工作奖励的院校差异	72
表 5-1	高校辅导员胜任力因子分析结果	77
表 5-2	高校辅导员胜任力信效度检验	81
表 5-3	高校辅导员胜任力整体模型适配度检验	82
表 5-4	不同院校选拔性辅导员的胜任力水平统计	84
表 5-5	不同院校辅导员胜任力均值两两比较结果	84
表 5-6	不同岗位类型辅导员的胜任力水平统计	86
表 5-7	不同岗位类别辅导员胜任力均值两两比较结果	86
表 5-8	不同发展阶段辅导员的胜任力水平统计	88
表 5-9	不同发展阶段辅导员胜任力均值两两比较结果	88
表 6-1	高校辅导员胜任力影响因素的多元线性回归分析结果	92
表 6-2	高校辅导员胜任力影响因素——交互作用的分析结果	94
表 6-3	组织支持和职业投入对高校辅导员胜任力的影响小结	97

表6-4 组织支持与职业特征的交互作用对高校辅导员胜任力的
       影响小结 ·· 98
表6-5 变量正态性检验 ·· 99
表6-6 组织支持影响辅导员胜任力路径分析的模型适配度检验 ······ 102
表6-7 职业投入作为中介变量的组织支持对辅导员胜任力的
       标准化影响 ·· 102
表7-1 案例一（LYD）胜任力水平 ································ 108
表7-2 案例二（ZTY）胜任力水平 ································ 110
表7-3 案例三（HN）胜任力水平 ·································· 112
表7-4 案例四（LQ）胜任力水平 ·································· 114
表7-5 案例五（GZF）胜任力水平 ································ 115
表7-6 案例六（ZY）胜任力水平 ·································· 117

第一章 绪论

我国高校辅导员制度诞生于特定的历史时期，具有鲜明的政治性和外生性的特点。在社会主义市场经济大发展的背景下，我国的社会经济形态、劳动力结构、利益分配方式呈现出多样化的发展趋势；同时，市场经济的发展也带来了多元思想文化的相互激荡，使人们的思想更加独立、选择更加多样、差异化更加显著。[①] 以上外部社会经济环境的剧烈变革使高校组织面临着前所未有的挑战，也导致身处大学校园中的大学生在思想意识、经济行为、社会角色和组织归属方面发生了深刻的观念变革和行为变化[②]。作为大学生思想政治教育工作的骨干力量，与专业教师和管理干部相比，高校辅导员被赋予大学生成长和发展的"引导者"和"领路人"角色，具有角色和作用的不可替代性，其岗位胜任力直接关系到大学生思想政治教育工作的成效、学生发展和高等院校的人才培养质量。

2004年以来，在外部政策的大力推动下，高校加强了专职辅导员的引进、配备和培养，形成了一支知识层次较高、政治素质过硬的辅导员队伍，在学生德育、学生日常管理和校园安全稳定工作中发挥了重要的作用，辅导员队伍的职业化建设取得了一定的成效。但与新时期党和国家对高校辅导员的期待、高校自身发展的要求和大学生全面发展的需求相比还有较大的差距，我国高校辅导员队伍也"并未进入明确的专业化阶段"[③]。与美国等发达国家高校学生事务管理者独立的专业地位、成熟的培养体系、选聘体系和发展支持体系相比，我国高校辅导员存在职业基础准备不充分、职责定位不清晰、辅导员职业发展内在活力和高校促进辅导员发展

---

① 江立成、汪欣欣：《思想政治教育生态方法论构想》，《思想政治教育研究》2009年第5期。
② 冯培：《高校学生事务管理：从管束到激励的模式再造》，《思想教育研究》2009年第10期。
③ 彭庆红：《试论高校辅导员队伍专业化建设》，《北京科技大学学报》2007年第4期。

的动力不足等现象，各高校也不同程度地存在辅导员职业发展支持政策不配套、体系不完备和机制不健全的问题，在一定程度上阻碍了辅导员胜任力的提升和专业化的发展。

第一节 研究背景

各国高校学生事务服务模式呈现不同形态，但往往根据各国高校组织建构的前提而建，因学生事务的角色定位而异。对于中国、苏联、东欧等第二次世界大战后建立的社会主义国家，高校学生事务模式的构建主要基于培养社会主义事业接班人的核心目标，从而具备了思想政治教育突出的特点[1]。

在高等教育大众化背景下，教育环境和教育客体的深刻变化使高校辅导员的发展已成为高等教育内生发展的需要，辅导员的角色建构与高等教育发展也日渐统一与融合。在高校辅导员制度新的发展阶段，辅导员制度发展模式由最初"双肩挑"模式转变为专业化、职业化、专家化的发展模式，辅导员的角色定位由单一的思想政治教育工作者向以促进学生成长成才为核心的管理者、教育者、服务者的方向发展[2]，辅导员的工作职责由单一的思想政治工作扩展到学生教育、学生管理和学生服务，但与国外高校学生事务管理作为一个专门工作领域不同，我国高校辅导员履行学生管理服务职责是作为开展学生日常思想政治教育的载体而出现的[3]。

一 我国高校辅导员制度的产生、发展进程和现状

建立高校辅导员制度是新中国成立以来我国高等教育实践的一个创新，是中国特色社会主义高等教育制度的优良传统和重要特征，其设立源于政治的要求，其制度变迁主要缘于外部政治环境的变化。我国高校辅导员制度从萌芽、初创到发展、成熟，已经走过了60多年的历程。具体来说，基本分为五个阶段。

---

[1] 李燕：《高等教育学生事务国际化进程中的本土化追求》，《教育探索》2011年第4期。
[2] 冯刚：《辅导员队伍专业化建设理论与实务》，中国人民大学出版社2010年版。
[3] 承浩：《基于学生事务管理的思想政治教育研究》，硕士学位论文，西南交通大学，2008年。

1. 高校辅导员制度的萌芽阶段（1924—1949 年）

1933 年，中国共产党在瑞金创办中国工农红军大学（1936 年改称抗日军政大学），配备了支队政治指导员；大学实行了基层学员队（中队）的"政治指导员"制度。中队学员的思想、学习、健康和生活等方面工作，由"政治指导员"全面负责，他们成为高校领导对学员进行教学和思想政治工作的得力助手[1]。这项制度的确立和完善对新中国成立后我国高校辅导员制度的建立和发展产生了重要的影响。

2. 高校辅导员制度的确立阶段（1949—1965 年）

1952 年教育部在《关于高等学校有重点地试行政治工作制度的指示》中提出在高等学校建立政治工作制度，设立政治辅导处并配备辅导员，专门指导教职工的政治理论学习，随时掌握教职工和学生的政治思想状况[2]。为进一步加强学生思想政治工作，1953 年，时任清华大学校长的蒋南翔同志率先提出并建立了学生政治辅导员制度，即"双肩挑"政治辅导员制度，创新了高校政治辅导员体制，为兼职政治辅导员的设立打下了基础[3]。随后，教育部于 1961 年和 1965 年先后颁布了《教育部直属高等学校暂行工作条例（草案）》和《关于政治辅导员工作条例》，指出各高校"要逐步培养和配备一批专职的政治辅导员"，并以法规的形式明确规定了政治辅导员的地位和作用，标志着我国高校辅导员制度的形成[4]。

3. 高校辅导员制度的挫折与恢复阶段（1965—1989 年）

十年"文化大革命"期间，高等院校是遭受破坏的"重灾区"，辅导员制度被严重破坏。1977 年，随着高考制度的恢复，高校的政治辅导员制度也得以恢复。教育部于 1978 年颁发了《全国高等学校暂行条例》，明确指出："为了加强对学生的思想政治工作，必须建立一支学生思想政治工作队伍。在一、二年级设立政治辅导员。"[5] 1987 年，教育部在南开大学等 12 所高校设置了思想政治教育专业，并下发《中共中央关于改进

---

[1] 李罡：《我国高校辅导员管理激励机制研究》，硕士学位论文，吉林大学，2008 年。
[2] 中共中央转发中央教育部党组：《关于在高等学校试行政治工作制度的报告》，http://cpc.people.com.cn/GB/64184/64186/66657/4492786.html。
[3] 秦贝：《我国高校辅导员队伍职业化建设研究》，硕士学位论文，天津大学，2010 年。
[4] 人民网：《中共中央关于讨论和试行教育部直属高等学校暂行工作条例（草案）的指示》，http://news.xinhuanet.com/ziliao/2005-01/22/content_2494713.htm.2005-01。
[5] 赵新国：《高校优秀辅导员人格特征的分析研究》，硕士学位论文，东北师范大学，2009 年。

和加强高等学校思想政治工作的决定》，明确规定了辅导员队伍建设的目标、原则、素质要求、岗位培训、职称评定等细则①。但在此阶段，由于国家包括高校在内的全社会思想政治工作被弱化和淡化，高校政治辅导员也被边缘化。党的十三届六中全会后，党对高校的思想政治工作做出了一系列的大幅度调整，思想政治教育工作的加强也引发了高校辅导员队伍建设工作走上了快速发展的轨道②。

4. 高校辅导员制度的加强与完善阶段（1989—2000年）

20世纪90年代，我国经济社会发展的转型使得大学生成长所面临的国内外社会环境更加复杂。党中央先后下达《关于新形势下加强和改进高校党的建设和思想政治工作的若干意见》③和《关于进一步加强和改进德育工作的意见》等多个政策文件，对辅导员队伍的选拔配备，辅导员的专业技术职务评聘、培养进修和表彰激励等问题提出了更为具体的指导意见。在这一阶段，思想政治教育专业学科建设也取得了较大进展，一方面体现在马克思主义理论与思想政治教育硕士点、博士点的相继建立；另一方面则体现在有一批思想政治教育专业本科生、研究生先后进入了高校辅导员队伍，有力地提升了高校辅导员队伍的专业化水平④。

5. 高校辅导员制度新的发展阶段（2000年至今）

2000年7月，教育部下达《关于进一步加强高等学校学生思想政治工作队伍建设的若干意见》，重申了"学生思想政治工作队伍建设的重要性和紧迫性"⑤。2004年8月，面对高等教育大众化背景下高校人才培养新的使命和任务，以及面对高校大学生思想政治工作的严峻形势，中共中央印发了《关于进一步加强和改进大学生思想政治教育的意见》⑥，将辅导员队伍认定为大学生思想政治教育工作的骨干力量，并将"政治辅导员"改称为"辅导员"，由此，辅导员角色定位实现了拓展和丰富。2005

---

① 中共辽宁省委宣传部、辽宁省高等教育局：《关于加强高等学校学生思想政治工作队伍建设的意见》，《辽宁高等教育研究》1987年第5—8期。

② 范建华、朱以财、任扬：《我国高校辅导员制度的历史考察》，《教育学术月刊》2010年第11期。

③ 《进一步加强和改进新形势下高校党的建设和思想政治工作》，《中国高等教育》1993年第Z1期。

④ 秦贝：《我国高校辅导员队伍职业化建设研究》，硕士学位论文，天津大学，2010年。

⑤ 倪金花：《论我国高校研究型辅导员队伍的建设》，硕士学位论文，复旦大学，2008年。

⑥ 《中共中央国务院关于进一步加强和改进大学生思想政治教育的意见》，中央16号文件，2004年。

年3月，教育部颁布《关于加强高等学校辅导员、班主任队伍建设的意见》，首次提出了高校辅导员队伍建设的"职业化"发展方向，使我国高校辅导员队伍建设迈上了科学化、规范化的轨道①。2006年4月，新中国成立以来首次全国高校辅导员队伍建设会议在上海召开。同年，教育部颁布了《普通高等学校辅导员队伍建设规定》（教育部第24号令），从宏观上确定了新时期辅导员在高校育人过程中的角色身份，为高校辅导员职业化和专业化发展提供了组织、制度保障，以及政策保障，使我国的高校辅导员制度得到了丰富和发展，并提升到新的水平②。随后，教育部又出台了《2006—2010年普通高等学校辅导员培训计划》，在全国先后建立了21个辅导员培训与研修基地，构建了学习考察、学位进修、科学研究、研讨交流等多种形式相结合的分层次、多形式的培训体系，高等教育学会辅导员工作研究分会、全国高校辅导员工作研究会等辅导员专业协会组织的成立以及《全国辅导员学刊》的创办搭建了辅导员互动交流和科学研究的平台③。2008年，教育部正式启动了高校辅导员在职攻读思想政治教育专业博士学位计划试点工作，并推动了此项工作的具体实施。2013年，《普通高等学校辅导员培训规划（2013—2017年）》颁布，明确了高校辅导员的培训目标、内容、任务及保障机制④。2014年，教育部又进一步明确了辅导员职业能力发展的标准。这些文件的出台和相关工作举措表明了辅导员职业得到了国家决策层的普遍关注，给高校辅导员队伍建设工作带来了希望和动力。

在外部政策环境推动下，各高校在辅导员队伍建设方面的有益探索进一步推进了辅导员的职业化发展。例如，"985"和"211"高校中，北京科技大学规定行政机关的管理干部只能从辅导员中选聘；中国农业大学积极推荐优秀辅导员到校外挂职、任职，进一步拓展了辅导员晋升发展渠道；北京交通大学在行政职级晋升方面设立了副处级辅导员的岗位；郑州

---

① 教育部：《教育部关于加强高等学校辅导员、班主任队伍建设的意见》（教社政［2005］2号文件），2005年。
② 教育部：《普通高等学校辅导员队伍建设规定》，中华人民共和国教育部令第24号，2006年。
③ 教育部办公厅：《教育部办公厅关于印发〈2006—2010年普通高等学校辅导员培训计划〉的通知》（教思政厅［2006］2号），2006年。
④ 中共教育部党组：《中共教育部党组关于印发〈普通高等学校辅导员培训规划（2013—2017年）〉的通知》（教党［2013］9号），2013年。

大学每年划拨 20 万元专项经费用于专兼职学生思想政治工作人员的学习培训、考察调研和奖励。一般本科大学和高职高专院校中，广西师范大学规定专职辅导员在工作满四年后可以申请报考研究生、博士生或参加脱产进修学习；内蒙古科技大学规定担任正科级辅导员工作三年以上，业务精良，工作突出的可晋级为副处级辅导员。

截至 2011 年 4 月，全国高校共有专职辅导员 106654 人，比 2005 年增加了近 6 万人。其中，本专科生专职辅导员共 102003 人，本专科生一线专职辅导员共 74818 人，与学生的比例为 1:286；此外，各高校还积极从教师和党政管理干部中选聘兼职辅导员和班主任，兼职辅导员共有 36031 人，班主任 273677 人，保障了大学生日常思想政治教育工作的开展。与此同时，我国高校辅导员队伍呈现了质量和数量的匹配提升，从学历构成看，本专科生专职辅导员中本科学历者占 55.14%，硕士学历者占 38.48%，博士学历者占 1.38%，硕士学历者上升近 9 个百分点。从政治面貌看，本专科生专职辅导员中，党员比例为 87.98%，较 2008 年的 84% 提高了近 4 个百分点，教育部直属高校辅导员党员比例已近 99%。

二 美国高校学生事务管理制度发展进程、模式和现状

"学生事务"是典型的美国提法，起源于辅导咨询等教学外围工作，与学术事务相对而言。学生事务主要包含学生活动、住宿生活、情感问题或个人发展问题等方面，是学术事务（学习、课程和认知发展等）的一定补充。殖民学院时期，美国高等院校就对学生事务给予了充分的重视，学生事务管理也逐渐成为具有较强实践性的职业领域。张铤（2010）[1] 指出，在美国，高校学生事务管理制度的形成经历了循序渐进的过程，从零起步，经历了"替代父母""学生人事工作""学生服务"和"学生发展"多种模式后，逐渐明晰定位、越发成熟，走上了专门化道路。在上述多种模式中，"学生发展"还影响着目前的学生事务管理理念，而"学生服务"则从第二次世界大战后一直影响着美国高校学生事务的管理并反映了该职业领域的典型模式。学生事务管理队伍在学院和大学中发挥了有效的教育作用，主要表现在招生工作、学术支持、健康教育、个体咨询和危机事件处理等方面[2]。

---

[1] 张铤：《论美国高校辅导员制度》，《黑龙江高教研究》2010 年第 1 期。
[2] Arthur Sandeen, Margaret J. Barr. *Criticalissues for Student Affairs*. Jossey – Bass Publisher, 2006, 69: 36 – 39.

李明忠（2005）指出，高等教育大众化催生了学生人事工作地位的重要性，为学生事务管理者向专业化发展转变奠定了基础；而20世纪六七十年代学生发展理论的出现，从理论层面使学生事务管理工作从以服务为主，逐渐转变为以学术性研究为主，从而增强了学生事务管理工作者的职业自尊，并确立了辅导员的专业化定位①。美国高校学生事务管理队伍才形成了与学术事务人员相对应的一支专业力量，有了清晰的角色定位和职责分工，并作为高等教育必不可少的组成部分，赢得了思想观念和制度上的承认，"与学术事务人员共同担负着实现既定的学生学习与发展目标的主要责任"②。

美国的学生事务模式强调通过关注学生的非课堂生活，以解决基督传统中的学生人格发展问题③。美国学生事务管理的内容用美国学生事务管理专家的话概括，就是"管理、学生成长教育、咨询与校园生态"④，在"学生服务"理念的指导下，美国高校学生事务专业人员一直定位于咨询辅导角色。1994年，ACPA发表了《学生的学习是当务之急——学生事务的含义》(*Student Learning Imperative—Implication for Student Affairs*，SLI) 一文，指出，制定学生事务纲领必须依托学生的学习需求和思想发展结果，学生事务工作者的职业定位也应围绕学生的学业开展、职业决定及其他需求⑤。在学生事务管理体制上，采用一级管理体制，条状管理模式，学生事务管理权主要在校级，院系并没有相应的组织和具体的分工要求，院校层面独立设置学生事务机构，且这些机构的分工很细，职责不重叠。美国高校学生事务人员分类很细，包括全职的心理咨询员、就业指导员、学习指导员、生活指导员、住宿指导员等，负责学生课堂外学习和生活需求相关事宜；学生事务人员的总体规模实际上远大于中国的高校。例如，加州圣地亚哥分校27600名学生，配备专职学生事务人员1000名，

---

① 李明忠：《美国大学生事务管理工作的发展特性》，《现代教育科学》2005年第5期。

② NASPA. *Learning Reconsidered*: *A Campus - wide Focus on the Student Experience*, http://www.naspa.org/membership/leader_ex_pdf, 2004.

③ Orger B. Ludeman, Kenneth J. Osfield, Emrique Iglesias Hidalgo, Danja Oste, Howard S. Wang. *Student Affairs and Services in Higher Education*: *Global Foundmions*, *Issues and Best Practices*, Paris: UNESCO, 2009: 11 - 12.

④ 王卫放：《美国高校的学生工作》，《中国青年研究》2004年第5期。

⑤ *Consider a Career In Student Affairs*, http://www.naspa.org/career/default.cfm, 2008 - 10 - 08.

师生比约为1∶28①。

美国高校学生事务队伍发展呈现了"专业人员构成多样化、素质要求专业化和建设管理规范化"的特点②。其学生事务管理人员都要经过全国公开招聘，聘任要求和程序较为明确，聘任职位同样分为专职和兼职，但队伍构成以前者为主，并要求学生事务管理人员具有与职责相匹配的学历。专职学生事务管理人员以职级进行划分，主要包括初级工作者、中级管理者和高级职员；不同职级人员的提升和聘任对专业背景、实践工作能力和规范都提出了明确的要求。初级水平的工作者具有心理咨询等方面的硕士学位，履行低级管理职责，取得中级管理职位必须拥有相关领域的博士学位，并需通过辅导员协会（ASCA）的职业考试，中级管理者负责院校学生事务的相关部门。美国每个州都有一所大学开办高等教育行政专业，并设有硕士、博士点，有近百所大学设有培养学生事务管理方面的专门人才，同时将学生事务管理作为一种科学进行研究。学生事务管理人员的专业地位得到了充分的肯定，相关人员专业化水平较高，将学生事务管理工作作为终身职业，甚至毕生追求的事业③。学生事务管理从业人员职业标准的实施，使得他们具备了为学生发展提供高质、高效、高水平指导服务的能力，这也促使了学生事务管理的发展成熟。④

美国高校非常重视学生事务人员的专业发展，对学生事务人员的准入、培训、职业发展、工作评估等建立了较为成熟的制度体系，为其提供了良好的职业发展环境。据调查，美国高校普遍为初级工作人员提供了高级职员指导、期刊书籍资料和校内工作研讨等形式的培养⑤。高校内部特设针对学生事务人员的专业发展资金，主要用于参加地区或全国性职业协会会议、参加各种培训班和购买专业书刊。美国高校鼓励全体专业人员参加各类专业协会，美国学生工作指导协会（APGA）、美国全国学生事务管理人员协会（NASPA）、美国大学人事协会（ACPA）、美国咨询与发展协会（AACD）等专业协会组织也在学生事务管理的职业化、专业化进程

---

① 余南飞：《新时期高校辅导员素质建设研究》，博士学位论文，复旦大学，2011年。
② 游敏惠：《美国高校学生事务管理队伍的发展与启示》，《比较教育研究》2006年第12期。
③ 赵庆典：《美国高校学生事务管理的启示》，《中国高等教育》2004年第6期。
④ Margaret J. Barr. *The Handbook of Affairs Administration*, The Jossey Basshigher and Dult Education Rise, 1993.
⑤ 蔡国春：《美国高校学生事务专职人员制度及启示》，《江苏高教》2007年第7期。

中发挥了非常重要的作用①。美国高校注重通过营造一个充满活力和丰富的职业发展环境来激励学生事务工作者，激发他们提高各种素质，包括创造力、领导力、组织协调能力和有效沟通能力，使他们能够胜任咨询辅导等工作。②此外，学生事务管理生涯发展为从业者提供了规划职业生涯的可能性，例如，对商业有浓厚兴趣的工作人员可选择从事学生财政援助等相关工作。通过这样的形式，不管专职人员的专业背景如何，都有在其专业领域的用武之地。学生事务工作的充实、团队咨询、主持活动等不断对专业人员提出挑战和要求，学生事务人员必须提高胜任力以应对挑战和变化。随着经验的累积，学生事务人员逐渐可以担当更重要的职责，晋升为学生事务部门主任、相关专业研究生导师，甚至是分管校级领导，这成为美国高校学生事务专业人员的有效职业发展路径。调查还显示，美国高校对于学生事务人员的学历晋升提供了良好的支持。63%接受调查的高校表示会鼓励初级学生事务人员接受继续教育，并认为高校可以在进修时间方面提供方便；29%接受调查的高校表示会鼓励辅导员获得其他类型的学位，但是无法提供进修时间上的方便。此外，美国高校还为员工和家属提供了包括减免学费、全面的医疗福利、慷慨的休假时间和娱乐、参加社会活动的机会，所有因素共同构成了针对学生事务人员的有效激励环境③。较高的专业地位和良好的职业发展支持环境，使大批专业人员不仅选择高校学生事务作为终身职业，而且还将其当作终身事业来追求④。

"他山之石，可以攻玉。"高等教育制度作为人类文明进步的优秀成果具有普遍性，对美国高校学生事务管理制度及学生事务管理者专业化、职业化发展进程，专业化发展支持政策进行比较研究，可以为中国高校的学生工作改革和辅导员专业化发展提供新的视角和思路。随着西方合作教育思潮、校本管理和后现代教育思想的引入以及我国高等教育综合改革的不断深入，促进学生个性的健康发展、高校内涵发展和人才培养质量提升成为中国高等教育改革的出发点和归宿，教育主管部门与高校、高校与教

---

① Winston, R. B. Torres V. Carpenter D. S. McIntire, D. D. & Peterson B., Staffing in Student Affairs: A Survey of Practices, *College Student Affairs Journal*, 2001, 21(1): 9, 13, 18, 21-22.

② *Benefits of a Career in Students Affairs*, http://www.naspa.org/career/benefits.efm, 2008-10-10.

③ 俞锋：《美国高校学生事务管理队伍的最新发展及启示》，《比较教育研究》2009年第7期。

④ 赵庆典：《美国高校学生事务管理的启示》，《中国高等教育》2004年第6期。

师、教师与学生之间的关系也将进行重构。从现实中也可以观察到，目前中国高校的综合改革已经从教学层面提升到校级组织层面，现代大学制度的建设使国家对高校的管理从外控式管理转向高校的自我管理、自我约束，高校成为教师和学生人力资本开发的有效协调者和拓展者。因此，高校组织应该用富有激励性的机制和灵活、弹性的体制，去促进每一个成员的发展，而不是用冰冷的僵化体制和单一模式去限制教师的自主选择[①]。

第二节 研究问题的提出

一 我国高校辅导员人力资源实践中存在的突出问题

对比美国高校学生事务管理者工作的专门化、选聘的专业化、培训的多样化和成熟的职业发展培养体系，我国高校辅导员人力资本的发展在理念层面和实操层面还存在很多问题。以"事"为本的人力资源建设理念以及"定位不清""多头管理""评价单一"和职业发展支持政策不完善已经成为制约辅导员职业化、专业化建设的"瓶颈"问题。此外，调查显示，由于主客观条件的限制，很多人毕业虽然选择了辅导员岗位，但高校教师岗位较高的职业认可度和清晰的职业发展路径更具吸引力，很多辅导员更倾向于把自己的学科专业作为未来职业发展方向，辅导员职业的"过渡性"较强，这也是高校辅导员队伍专业化发展进程中必须面对的现实问题。

1. 辅导员角色与职责定位不清

高校辅导员的角色定位是党和国家、社会所赋予的，是一种综合性的角色，其核心职能是思想政治职能。高校的育人角色如果是高校整个师资队伍承担无可厚非，但如果辅导员承担所有职责包括一些分外职责就会"种了别人的田，荒了自己的地"，从而严重影响辅导员专业素质的提升。高校辅导员在政策逻辑上虽有教师和管理干部的双重身份，但高校是以学科贡献为逻辑进行资源分配的，辅导员工作对学科发展贡献的显示度不高，无法享受高校专业教师的相关待遇。此外，辅导员工作复杂性高，纳

---

① 姚加惠：《浅析国外巨型大学组织与管理模式的特征》，《中国高等教育管理现实与理想》，中国传媒大学出版社2005年版。

入高校组织部门的干部管理和培养体系也"水土不服",将二者有效结合的适合辅导员发展的路径还处于探索中,政策的实效性不高。同样,辅导员的职责定位在具体的制度中也并没有很清晰明确地落实,除很明显的学生教育、管理、服务职责外,很多临时性工作、学生教学管理上的一些事务性工作以及一些职责不清无人承担的涉及学生的工作均被强加在辅导员身上,加之由于管理体制不顺,致使辅导员在实际工作中政出多门,多人使用,少人管理,长期处于被多重管理的状态下和学校管理机构的底层。而角色和职责的混乱势必影响辅导员职业归属感,角色伙伴的高期望与工作内容的综合性导致辅导员角色扮演不到位或虚位化,从而导致辅导员的角色意识模糊和角色冲突,降低其职业认同,分散其真正的教育培养投入,进而制约其职业发展和岗位胜任力水平。

2. 辅导员人力资源管理和开发机制不完善

缺乏科学的选聘标准和选聘原则。各高校辅导员选聘与教师和行政人员选聘相比,其科学性、规范性都存在不同程度的欠缺。高校辅导员缺乏特定的职业能力标准,选聘条件中比较注重应聘者的学历、思想政治素质、过往的学生工作经历、性别(男性)和学业成绩,但较少考虑学科背景、个性特质、职业选择动机等因素,选聘过程中也有一定的主观随意性和寻租空间。另外,由于高校编制的限制和多校区办学,一些学校选聘行政人员、教学人员、外聘人员、学生干部兼职做辅导员的比例也较大,使得辅导员工作的传承性受损,不利于辅导员自身和辅导员队伍的整体发展。

缺乏有效的培养培训机制。高校辅导员建设长期以来缺少系统的培养培训机制。这一方面是高校内部对于辅导员专业化发展认识不一致,学校各层面提供的资源有限也不系统,培训效果也没有评估和反馈,辅导员日常工作主要靠辅导员自身的摸索和积累,进步比较缓慢;另一方面是高校对辅导员工作的科学化要求不高,只要学生稳定、不出事就算胜任工作。因此,对辅导员科研能力的培养就很欠缺,辅导员开展科研大部分是为了职称评审需要,由于工作资历浅、学科基础不扎实、学科带头人严重不足,很多研究成果都浮于表面,研究成果对工作的指导性和可推广性较低,大部分研究成果也只停留在学工系统的交流层面。此外,高校创建的辅导员协会更多地以文化活动为主,而工作研究方面的探讨交流相对较少,对辅导员专业化发展的支持也非常有限。

缺乏客观公正的绩效评价机制。一方面,辅导员职责的不明确和工作内容的复杂性导致工作难以量化，缺乏必要的考核依据和标准，无法根据辅导员工作的实际绩效形成奖惩体系；另一方面，学生思想政治工作是辅导员的核心工作，其工作绩效的间接性和时滞性使辅导员的考核工作更加困难。此外，部分高校和学院层面对辅导员的评价很多是以不出事为导向，评价导向存在的偏差使某些高校行政部门在制定考核指标体系时多以管理的标准化为依据，常用行政量化指标来评价，注重学生日常事务的完成，缺乏对辅导员教育职能复杂性和特殊性的评价方法，导致部分辅导员急功近利，不注意工作的可持续性和思想政治工作方法的艺术性，追求短期目标和活动的吸引眼球，对于学生是否在活动中获得了教育和成长，工作创新是否具有可推广性考虑很少，出现了很多问题。

3. 辅导员发展支持机制不完善

高校是根据高等教育学科建设的总体评价标准和思维方式给予辅导员职业相应评价的，而高校的学术追求是第一位的。在高校的各项改革实践中，薪酬体系、各项人才工程基本都是围绕专业教师开展的，而作为高校教师队伍中重要的一员，辅导员没有被纳入高校学科发展和教师发展考虑的总体框架，辅导员专业能力提升的平台很少，也没有形成明确的职业进阶体系，在薪酬体系上也倾向于以职称体系为参照，沿用或比照教学系统或管理系统的评价标准，辅导员从事工作的性质和工作要求与教师职称评定的要求并不匹配，制度的适配性较差。由于人事制度的刚性规定，辅导员队伍在职务上只能选择管理岗或教学岗，影响了辅导员的"双线晋升"，专职辅导员评聘副高、正高职称后，只能选择管理岗，后期职业发展受到限制，反映出高校辅导员队伍人才建设规划的缺失以及制度机制的不完善。制度设计和支持环境的欠缺使很多辅导员不得不自谋出路，争先恐后地"分流"。

二 研究问题的提出

培养具有全球意识、具有较高文化品位、能够参与国际事务和具有国际竞争力的创造型人才已经成为各国高等教育人才培养的共同目标，促进高校辅导员专业化发展也已成为各国政府和高校的共识。但正像美国高校学生事务专家 Carpenter 所言："如果个人忽视专业成长，他们的专业发展将停滞不前和工作变得无效，从而损害所雇佣的高校、学生事务专业和学生的利益，如果高校、专业协会、培养方案没有系统、积极地采取措施，以确保整个职业专业化的发展，那将损害学生事务的发展，甚至使它处于减少和删除经费的时期,将来可能不复存在。"① 因此,在新的高校辅导员制度发展模式下,面对我国高校辅导员人力资源实践中存在的问题,我们需要搭建理论分析框架才能揭示我国高校辅导员队伍建设实践与高校辅导员职业能力发展现状之间的内在关系,找到学校价值追求与辅导员价值追求不一致、学校期望与辅导员需求"信息不对称"的地方,以揭示高校辅导员职业能力发展成效不显著的原因,进而才能深度解读辅导员职业能力发展的院校影响机制是什么、为何如此、如何增强等基本理论和现实问题。

第三节 研究意义

本书将基于胜任力的人力资源开发思想和高校辅导员队伍建设实践相结合进行研究,研究立足于对不同岗位类型、不同生涯发展阶段高校辅导员的胜任力现状及其结构特征的分析,重点探索辅导员胜任力影响因素和影响机制,为辅导员胜任力的研究提供了新的视角,为破解高校辅导员专业化发展的"瓶颈"问题提供了新的思考维度,为高校构建组织导向型的辅导员职业发展支持机制提供了理论依据,具有重要的理论价值和重大的实践意义。

一 理论意义

1. 促进了本土化高校辅导员胜任力概念的理论建构

现有研究中对于具有中国特色的高校辅导员胜任力的本土化实证研究相对较少,特别是特定地区大样本的混合研究更少。本书为辅导员胜任力的本土化深入研究无疑提供了比较有价值的应用案例。本书以中美高校辅导员制度发展模式的变迁为背景,基于高校在辅导员职业能力培养中发现的问题,立足于比较成熟的高校辅导员胜任力测验量表,从学校辅导员人力资源管理和开发的角度,探讨高校辅导员人力资源实践与高校辅导员胜任力之间的关系,并进行了以应用研究为主的实证研究,揭示了辅导员胜任力现状背后的影响因素及其影响机制,既是对以往研究者构建的辅导员胜任力模型及测验的应用和验证,又深入辅导员成长的高校组织与管理环境中考察辅导员胜任力的形成机制;既立足于现实,又着眼于培养具有国际视野、中国特色、时代特征的高素质辅导员的需要。

---

① 陈伟峰:《美国高校辅导员职业发展阶段理论及其启示》,《考试周刊》2011年第85期。

2. 拓展并加大了高校辅导员胜任力形成的研究视角和解释力度

以往研究中，研究者和管理者都比较关注辅导员职业发展的收益，即辅导员胜任力发展水平，较少关注辅导员胜任力的影响因素，仅有的研究成果也多是从辅导员个体特征角度分析，而从院校组织角度的分析相对较少。从国内学术界来看，对组织支持理论的关注也着重于对西方组织支持感领域研究的新成果或新的热点话题的引入与归纳，虽然也有一些国内学者对与组织支持感相关的变量进行一些探索和实证分析[1]，但是，大部分是对各种类型的企业员工或某一类事业单位员工如教师、医生、护士等进行的研究，目前还没有涉及高校辅导员组织支持感的实证分析。因此，从辅导员职业生涯发展和组织支持等角度来分析高校辅导员胜任力的影响因素和影响机制，考察高校辅导员胜任力在高校组织场域内的演进过程和不同职业生涯发展阶段的胜任力体征，是研究辅导员胜任力视角的一个突破，也是对组织支持感理论、教师职业生涯发展理论应用研究的拓展。

二 实践意义

本书的成果是建立在完善的理论基础和扎实的数据统计上的，对客观评价北京市高校辅导员发展现状和高校辅导员人力资源实践的阶段性成效及存在的问题提供了有效的实证研究的数据材料。对教育主管部门了解辅导员需要提升改进的领域以及需要督促高校整改提高的领域，评价不同高校辅导员队伍建设成效，制定适合不同类型院校、不同发展阶段辅导员的支持策略和支持机制提供了路径参考。对高校明确辅导员的角色定位以及有针对性地开展辅导员职业生涯引导、管理和开发提供了理论和现实依据。对辅导员个人来讲，研究结论进一步验证了高校辅导员职业实践性强的特点，这对于辅导员摆正专业化发展定位，将工作研究和自身发展定位于促进学生发展具有重要的启示意义。对辅导员案例的质性分析揭示了影响辅导员胜任力发展的多维度因素，使高校能从更广阔的视角出发来审视如何更好地促进辅导员的专业化发展。

---

[1] 屈丽萍：《基于组织待遇的组织支持感知、工作态度与工作结果关系研究》，硕士学位论文，浙江大学，2006 年。

第二章 文献综述

第一节 中外高校辅导员胜任力研究的发展历程

为全面了解高校辅导员胜任力相关研究的现状,本书首先对现有文献的基本情况进行梳理。

从文献来源情况看,以"高校辅导员胜任力"为关键词在中国期刊全文数据库和万方学位论文数据库进行检索,分别发现相关文献72篇和92篇(其中期刊论文67篇,学位论文23篇,会议论文2篇),并未发现直接以高校辅导员胜任力发展支持机制为主题的研究。外国文献主要通过EBSCO数据库和Elsevier全文库进行检索,以"competency model"为标题的检索结果最为丰富(EBSCO数据库513篇,Elsevier全文库49408篇)。由此可见,有关胜任力的理论研究,以及胜任力模型的相关研究国外起步较早,研究成果已较为丰硕;进一步添加"student affairs""competency""development support"等关键词进行检索,发现大量文献,但相关度参差不齐。

高校辅导员胜任力研究起步于2004年,研究内容主要集中在其胜任力内涵、模型构建和基于辅导员胜任力模型的应用研究等方面。针对辅导员胜任力影响因素的研究不多,而且主要集中在个体因素和社会因素方面,有关院校因素方面的研究很少。国内文献中,虽有辅导员队伍职业化建设方面的相关研究,但并没有直接针对高校辅导员胜任力发展支持机制的研究。

国外关于胜任力理论及其应用的研究起步较早,50多年来已经积累了丰富的研究成果。20世纪80~90年代,高校管理者胜任力的研究已是国外教育管理领域的一个热点，现有国外文献对于胜任力模型在学生事务管理方面的应用研究比较广泛，对学生事务管理者的胜任力特征和构成要素都有详细的阐述。另外，胜任力的研究也多是与学生事务管理者的专业化、职业化发展结合在一起的，但专门针对学生事务管理者发展支持机制方面的研究同样相对较少。

第二节 文献综合评述

自 McClelland 提出胜任力理论以来，经过40年的发展，该理论日臻成熟，成为心理学、管理学、教育学学科的研究热点之一。教育学背景下的胜任力研究开始于20世纪60年代，从而打破了胜任力研究在企业组织管理领域的局限。程凤春指出，20世纪80~90年代，全球性教育改革对教师胜任力和高校管理者胜任力的研究进入快速发展时期，相关研究以寻找高校管理者较好的胜任工作需要的能力和行为表现为重点，旨在支持选拔高校管理者、促进职业发展[1]。从现有文献来看，国外胜任力研究多集中于胜任力的定义、模型、测量及其重要性等视角，鲜有直接针对个体胜任力影响因素的研究。在与本书较为相关的教师胜任力（Teacher Competency）和员工发展研究中，部分研究涉及胜任力的影响因素。例如，1991年，Shore 等学者研究了组织支持及承诺与员工工作满意度之间的关系；研究选取了美国一家大型跨国公司，对该公司总部的员工进行研究分析，最终得到组织支持与员工满意度之间的正相关关系。而按照赫茨伯格的双因素理论，员工满意度是与员工行为表现密切相关的。[2]

相比较而言，我国开展胜任力研究起步较晚，20世纪90年代中后期，胜任力理论才被引入我国，研究者在进行成果推介的同时，也在实践领域进行了一些尝试。比较有代表性的如，王继承、时勘（2002）采用 BEI（行为事件访谈法），构建了针对我国企业高管的胜任力模型[3]；仲理

---

[1] 程凤春：《高校管理者胜任力研究及其成果应用》，《比较教育研究》2004年第3期。

[2] Shore L., Tetrick L. *A Construct Validity Study of the Survey of Perceived Organizational Support*, Journal of Applied Psychology, 1991 (7): 637–643.

[3] 王继承、时勘：《企业高层管理者胜任力模型评价的研究》，《心理学报》2002年第3期。

峰（2004）将研究对象进一步细化，聚焦了家族式企业高管，建立了我国家族企业高层管理者胜任力模型并分析了其影响因素[①]。总的来说，从国内文献来看，胜任力理论的相关研究成果在20世纪90年代中后期才开始出现，研究者关注点聚焦在胜任力理论成果的推介和以企业中层管理者为关注对象的胜任力模型研究，鲜有对政府部门、非营利组织和中介机构等其他行业组织管理者的胜任力研究。近年来，国内部分研究者将研究视野扩展到教育领域，但研究的重点并非高校教师，而更多针对中小学教师和校长；高校教师胜任力相关研究则多围绕其个人特质、素质、能力、人格和评价体系等角度展开。国内学者对胜任力影响因素的研究成果不多，实证研究成果更少[②]。韩建立（2003）认为，培训对员工胜任力的影响作用受到组织领导、组织文化和培养体系等多方面因素的影响。因此，胜任力培训的组织支持，以及员工培训自身所存在的问题应该得到足够的关注，这就要求企业领导者在培养个人能力时要有远景规划，以个人能力为基础，匹配相应的企业文化和员工培养体系[③]。2004年以来，出于对高等院校人才培养质量的关注，大学校长和教师胜任力影响因素的研究成果才开始呈现，比较有代表性的研究有：刘洁（2004）认为，教师的专业发展受到社会因素（社会地位和职业吸引力、教师挂职制度）、院校因素（校长的引领、合作性教师文化的激励、民主管理制度的保障）和个人因素（个人家庭因素和个人专业发展结构因素）等一系列基本因素的影响；其中，个人因素之中的家庭因素偏重个人生活环境，专业发展结构因素偏重多种结构性因素特征对教师专业发展的影响[④]。商漱莹（2011）对教师胜任力及其影响因素进行了研究，指出教师的胜任力因教师职业成熟度的不同、层次的不同而有所区别，并随着时间、经验、知识的更新和积累而发生胜任力重点的转移[⑤]。

2004年前，在国内文献中并未出现过辅导员"胜任力"一词，出

[①] 仲理峰：《家族企业高层管理胜任特征模型》，《心理学报》2004年第1期。
[②] 陈鸿雁、马树强：《基于胜任能力模型的河北省高校思想政治理论课教师胜任力评价研究》，《河北工业大学学报》2010年第10期。
[③] 韩建立：《实施基于胜任力的企业员工培训》，《今日科技》2003年第3期。
[④] 刘洁：《试析影响教师专业发展的基本因素》，《东北师范大学学报（哲学社会科学版）》2004年第6期。
[⑤] 商漱莹：《教师胜任力影响因素及提升策略研究》，《山东青年政治学院学报》2011年第5期。

现频次最多的是"素质"。从 2000 年开始，辅导员相关学术研究逐渐深入，辅导员的职业管理及其对提高学生管理和培养水平的作用成为关注较多的问题，但相关研究也只是探讨高校辅导员制度的重要性和辅导员素质问题。通过检索近 10 年来我国思想政治教育界关于高校辅导员方面的研究资料，只检索到六本专著，分别是张耀灿和张万柏（2001）主编的《思想政治教育学原理》、2006 年上海复旦大学党委副书记陈立民主编的《高校辅导员理论与实务》、2007 年河南财经学院张文强主编的《高校政治辅导员职业化研究》、2009 年杜向民等主编的《嬗变与开新——高校辅导员制度发展研究》、2010 年冯刚等主编的《辅导员队伍专业化建设理论与实务》和王晓红主编的《高校辅导员工作的理论与实务》。以上专著从理论层面系统地阐述了高校辅导员的素质结构、辅导员制度的历史进程，辅导员的角色定位、辅导员工作的理论基础、基本原则和工作规律，从实践层面系统地阐述了班级管理、辅导咨询等工作的手段和方式，对解决高校辅导员专业化、职业化发展等相关问题具有重要借鉴意义。

从现有国内文献可以看出，我国的辅导员胜任力研究视角还是比较丰富的。高校辅导员胜任力研究最早源于山西大学顾倩完成于 2004 年 6 月的硕士学位论文《大学生辅导员胜任力问卷的编制及初步应用》，该文章标志着我国高校辅导员胜任力研究开始出现研究成果。肖柯、石清云的研究并未沿用传统的胜任力定义，而是以彼得·圣吉的"五项修炼"为参照，解读辅导员的胜任力，结合构建学习型组织相关观点，将胜任力要素划分为涵盖基础、核心、关键三个层次的胜任力要素模型[1]。朱宁等（2011）的研究分析了辅导员胜任力在导师组模式下主要在哪些维度得以发展[2]。艾茹等（2011）由社会角色视角探讨高校辅导员胜任力的培养[3]。周鹍（2008）探索了运用心理契约提升辅导员胜任力的途径[4]。值得注意

---

[1] 肖柯、石清云：《学习型班级视域下高校辅导员胜任力要素分析》，《国家教育行政学院学报》2013 年第 6 期。

[2] 朱宁、薛艳：《导师组模式下高校辅导员胜任力研究》，《继续教育研究》2011 年第 6 期。

[3] 艾茹、田丽娜：《社会角色视角下的高校辅导员胜任力研究》，《中国外资》2011 年第 10 期。

[4] 周鹍：《对运用心理契约提升辅导员胜任力的探索》，《重庆交通大学学报（社会科学版）》2008 年第 6 期。

的是，这些研究的最大贡献是为辅导员胜任力相关研究提供了切入视角。现有研究中大部分研究采用定性、梳理分析和经验总结的形式，部分研究虽然采用了调查研究和实证分析的方法，但研究关注的焦点各异，并没有形成对核心研究问题的统一认识。关于辅导员胜任力要素的界定和模型构建缺乏统一性和前瞻性，研究方法的科学性和严谨性不足，研究结论差异明显，且现有辅导员胜任力影响因素的结论中大都集中于辅导员品德、年龄、性别、任职年限等个体特征层面，可操作性不强，其研究结论的实践指导性也相对薄弱。

正像 Stuart 和 Lindsay 所概括的，现有的国内辅导员胜任力模型构建及其影响研究，更多聚焦于辅导员个体层面，很少涉及组织投入和工作情境差异所带来的影响，尤其是与辅导员工作绩效相关的组织视角影响。而笔者认为，辅导员胜任力的成长是一个过程，离不开辅导员个体的努力以及辅导员所在群体的影响，也离不开组织环境的影响，深入分析高校辅导员胜任力在特定类型高校组织场域内的成长过程，用实证研究的方法探索高校辅导员管理实践对辅导员胜任力的影响，是研究者们深化辅导员胜任力研究所共同面对的课题。

第三节 高校辅导员胜任力相关理论研究

一 高校辅导员胜任力内涵的研究

胜任力（Competency）来自拉丁语 Competere，通常意为"适当的"；也译作素质、能力、才能、胜任力、胜任特征等。许多学者从不同角度提出了胜任力定义，大体分为特征观和行为观。

表2–1 胜任力定义

学者	年份	胜任力定义
McClelland	1973	与工作或工作绩效或者生活中其他重要成果直接相似或相联系的知识、技能、能力、特质或动机[1]

---

[1] McClelland, D. C., Testing for Competence Rather than for Intelligence, *American Psychologist*, 1973, 28: 1–4.

续表

学者	年份	胜任力定义
Boyatzis	1982	任何与有效或杰出的工作绩效相关的个体的潜在特征，可能是动机、特质、能力、自我形象或社会角色或其他所使用的知识实体等①
McLagan	1990	对优秀成果的产生具有重要影响的能力②
Woodruffe	1991	个体的相关行为的类别，是一种明显的、能使个体胜任某项工作的行为③
Spencer	1993	能将某一工作（或组织、文化）中表现优异者与表现平平者区分开来的个人的、潜在的深层次特征，它可以是动机、特质、自我形象、态度或价值观、某领域知识、认知或行为技能——任何可以被可靠测量或计数的，并且能显著区分优秀绩效和一般绩效的个体特征④
Ledford	1995	胜任力包含三个概念：一是个人特质，即个人独具的特质，包括知识、技能和行为；二是可验证性，即个人所表现出来的、可以确认的部分；三是产生绩效的可能性，即除了现在的绩效表现，还注重未来的绩效。整合三个概念，胜任力是个人可验证的特质，包括可能产生绩效所具备的知识、技能和行为⑤
Byham	1996	胜任力是一切与工作有关的行为、动机与知识，而这些行为、动机与知识是可以被分类的。胜任力分为行为胜任力（Behavioral Competencies）：指会导致绩效好坏的个人行为，包括言辞与行动；知识胜任力（Knowledgeable Competencies）：指为个人所知晓的事实、技能、专业、程序、工作和组织等；动机胜任力（Motivational Competencies）：指个人对工作、组织或地点的感受⑥

---

① Boyatzis, R. E., *The Competent Manager: A Model for Dffective Performance*, New York: John Wiley & Sons, 1982.

② 大卫·杜柏伊斯：《绩效跃进——才能评鉴的极致运用》，李芳龄译，汕头大学出版社2003年版。

③ Woodruffe C., Competent by any Other Name, *Personnel Management*, 1991（23）：30–33.

④ Spencer Jr. L. M., Spencer S. M., *Competence at Work: Models for Superior Performance*, New York: John Wiley & Sons, 1993.

⑤ Ledford G. E., Paying for the Skill, Knowledge, and Competencies of Knowledge Workers, *Compensation and Benefits Review*, 1995, 27（4）：55–62.

⑥ Byham W. C., Moyer R. P., *Using Competencies to Build a Successful Organization*, Development Dimensions International, Inc., 1996.

续表

学者	年份	胜任力定义
Green	1999	胜任力是指有利于实现任务目标的个人技能和工作习惯，胜任力是能够测量的
王重鸣等	2002	管理绩效的知识、技能、能力以及价值观、个性、动机等特征①
Halley	2001	能够使一个人以富有成效的方式完成他/她的工作的一种特性，这种特性能够依据一个可接受的绩效标准进行测量②
时勘等	2002	能把某职位中表现优异者和表现平平者区别开来的个体潜在的、较为持久的行为特征。这些特征可以是认知的、意志的、态度的、情感的、动力的或倾向性的，等等③

资料来源：笔者整理。

20世纪90年代之后的胜任力研究大多采用 Spencer（1993）的胜任力定义。这一概念也成为现在应用最广泛的概念。总体来说，胜任力具备三个特点：其一，胜任力与任务情境相联系，具有动态性，即胜任力在很大程度上会受到工作环境、工作条件以及岗位特征的影响；其二，胜任力与员工工作绩效紧密联系，即可以通过胜任力来预测员工未来可能呈现的工作绩效；其三，可以使用胜任力来区分组织中的绩效优秀者和一般者。胜任力指标可以作为组织进行员工招聘、考评以及晋升决策的参考依据。McClelland 列出了20项管理职位和专业职位上有着普遍观测效度的胜任素质④。

Baier（1979）将学生事务工作者的工作职责定位为学生资助、生涯规划、就业指导、留学生服务、学生日常管理和学生培训计划，等等，并将学生事务工作者胜任力定位为行政能力、人际交往技巧、领导力，学生服务所需的专业知识和能力，高效率高质量工作的能力，咨询和团队辅导

---

① 王重鸣、陈民科：《管理胜任力特征分析：结构方程模型检验》，《心理科学》2002年第5期。
② Halley D., The Core Competency Model Project, *Corrections Today*, 2001：63（7）.
③ 时勘、王继承、李超平：《企业高层管理者胜任特征模型评价的研究》，《心理学报》2002年第34期。
④ McClelland, D. C., Testing for Competence Rather than for Intelligence, *American Psychologist*, 1973, 28：1 – 4.

的能力。此外，Baier还明确区分了新入职的学生事务工作者所必需的胜任力，即财务管理能力、法律知识、政治技巧、研究设计和分析能力、计算机技术和劳资问题谈判的能力①。

表2-2　　　　　　　　普遍观测效度的胜任素质②

类群	胜任素质特征
成就类群	成就导向、品质和秩序意识、主动性
服务类群	人际理解能力、客户服务导向
影响力类群	组织意识、关系营造的能力和影响能力
管理类群	指导能力、团队合作意识、开发他人的能力和团队领导能力
认识思考/问题解决类群	专业技术、信息搜寻能力、分析性思考能力、概括性思考能力
个人效能类群	自我控制/压力对抗能力、自信的品质、组织责任感、适应性/灵活性

Margaret J. Barr 的 *The Handbook of Student Affairs Administration* 一书中，对学生事务工作者所需技能和胜任力进行了界定，具体包括：项目规划能力、结果评估能力、预算和财务能力、理论翻译能力、冲突和危机处理能力、道德和法律意识、公关能力及相关管理和实践能力③。

美国大学人事协会（ACPA）和全国学生人事管理者协会（NASPA）经历两年的研究，于2010年7月联合发布的《学生事务从业者专业胜任力范围》（*Profes-sional Competency Areas for Student Affairs Practi-tioners*）列出10项胜任力主题范畴，每项胜任力又分为初级、中级和高级三个层次④，包括咨询和帮助、评估、鉴定和研究、公平、多样性和包容、合乎道德的专业实践、历史、哲学和价值观、人力和组织资源、法律、政策和管理、领导力、个人基础、学生学习和发展。

高校辅导员胜任力是在西方胜任力理论基础上结合我国高校辅导员的岗位要求、工作性质等形成的一个概念。我国学者于21世纪初将胜任力

---

① Baier J. I., Competent staff: The critical variable, *New Directions for Student Services*, 1979, 1979（7）：69-83.

② 该表格根据周金阳的硕士论文《国有农业企业经营者胜任力研究》（2009）相关内容整理。

③ Blimling, G. S., The Handbook of Student Affairs Administration by Margaret J. Barr, *The Journal of Higher Education*, 1994, 65（6）：751.

④ ACPA/NASPA *Professional Competency Areas*, http：//www2. myacpa. org/. 2010-09-01.

理论从人力管理领域引入高校辅导员培养与管理领域。十余年来，高校辅导员胜任力内涵的研究已取得一定成果。比较典型的如下。

杨继平、顾倩（2004）对高校辅导员胜任力的研究较早，他们对胜任力的解释依托辅导员工作的构成要素，即人格、行为、能力和知识结构[①]。

罗涤、李华（2007）认为高校辅导员的胜任力，是一种涵盖了素质、能力、知识、人格、价值观和动力等各种因素在内的综合结构，能保证辅导员完全做好本职工作[②]。

陈建文、汪祝华（2009）认为高校辅导员的岗位胜任力主要包含三个方面：个人行为特征、岗位要求和组织环境特征。换言之，高校辅导员岗位胜任力主要指向个人行为特征方面，并且需要符合岗位要求和组织环境特征[③]。

上述对于辅导员胜任力的定义丰富多彩，由不同角度界定了辅导员胜任力的内涵，但均包括以下三点：①都认同高校辅导员胜任力是辅导员的个体特征，是一些或一组个体特征；②都认同辅导员胜任力的区分功能，即将绩优的辅导员与绩效一般的辅导员区分开来；③都将辅导员胜任力划分为若干维度，如个人形象特质、工作态度、价值观念和知识技能等。如前所述，这些定义都吸收了 McClelland 和 Spencer 的理论精髓。当然，以上定义也并不能包含所有对胜任力的解释，这些解释存在一个共同的缺陷，即因太过静态化而无法反映不同工作时间阶段和工作情境下胜任力要求的差异；因此，应时时监测、分析具体岗位的关键胜任要素的变化，分清各阶段的不同胜任力要素的权重的变化。事实上，国内相关理论的发展却比较落后，更加缺少胜任力相关的实证研究。[④]

二　高校辅导员胜任力模型的研究

胜任力研究的主要任务之一是建立胜任力模型。胜任力模型（Competency Model）是指构成各项工作的必备胜任力之和，由在特定职位要求

[①] 杨继平、顾倩：《大学辅导员胜任力的初步研究》，《山西大学学报》2004年第6期。
[②] 罗涤、李华：《胜任力理论及高校辅导员选聘机制的优化》，《重庆大学学报》2007年第4期。
[③] 陈建文、汪祝华：《高校辅导员胜任特征结构模型的实证研究》，《高等教育研究》2009年第1期。
[④] 韩英：《大学辅导员胜任力模型及其应用研究》，博士学位论文，复旦大学，2008年。

下的表现情况决定,包含了多种胜任力结构。该模型描述了具备怎样的知识、技能和性格特点,或者采取怎样的关键行为能够有效完成某项工作或取得优秀绩效。① 该模型往往需要根据不同的权重,将各种胜任力要素按照一定方式组合起来,作为考核表现优秀者与普通者的工具;胜任力模型对于行为个体而言,则可以作为明晰工作所需胜任力的工具,从中探求个人职业成长与发展的潜能。

最早的胜任力模型产生于20世纪70年代,是由 McClelland 和 Mcber 咨询公司为选拔优秀外交官而建立的。胜任力模型是一种人力资源管理的新型方式,体现了为实现某一职位工作而需要的能力要素构成。通常意义上,胜任力模型被用于企业员工的选拔、绩效评估和管理,也用于规划和帮助员工的职业发展等人力资源项目。从理论层面来看,胜任力模型主要呈现两大类型,即冰山模型和洋葱模型。

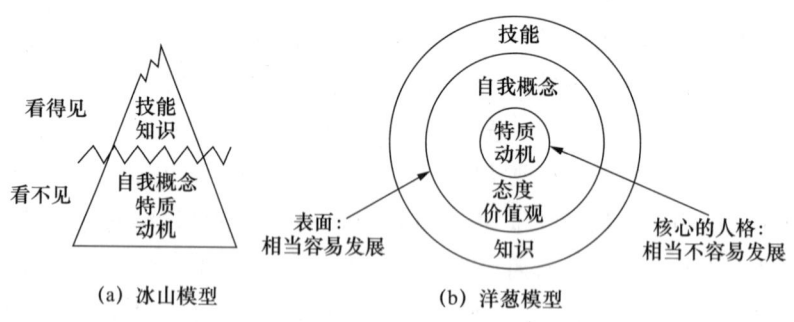

图 2-1 胜任力模型类型②

Spencer(1993)③ 提出的胜任力"冰山模型"是最典型的胜任力模型,对各领域胜任力模型的建立影响颇大。此类模型的研究当中,学者 McClelland 认为,知识、技能、社会角色、自我概念、特质和动机六方面

---

① 谷向东:《中国特大城区区属单位党政处级正职领导的胜任特征研究》,博士学位论文,北京师范大学,2005年。

② Spencer, L. M. & Spencer, S. M., *Competence at Work: Models for Superior Performance*, New York: John Wiley & Sons, 1993.

③ Tkdd J. M., Kimberly A. W. et al., Beliefs about "Improvability" of Career - relevant Skills: Relevance to Job/task Analysis, Competency Modeling, and Learning Orientation, *Journal of Organizational Behavior*, 2003(24).

因素能够较好地呈现胜任特征；而胜任力模型则应包含两个部分。①基准性胜任力（Threshold Competence）特征，指知识与技能部分，即胜任者的基础素质，更多起到描述作用而非区别好坏的作用，具有外显特性。②鉴别性胜任力（Differentiating Competence）特征，指社会角色、自我概念、特质和动机等方面，能够起到区分优劣的关键作用，因而更具有内隐特性。综合来看，前者犹如冰山的水上部分，易被发现，因而也易被改变；后者犹如冰山的水下部分，不易被发现和触及，因而也难以发展。[1]

洋葱模型（The Onion Model）是从另一个角度对冰山模型的解释。美国学者博亚特兹（Richard Boyatzis）以洋葱模型为基础，提出了"素质洋葱模型"，把胜任力分为核心层、中间层和外围层三个层次。核心层是人格层，是个体相当不容易发展、难以评价和后天习得的胜任力，即潜在个体特征[2]（动机和特质）；中间层包括自我形象、社会角色、态度和价值观等；外围层是容易发展和识别的胜任力，包括基本的技能和知识。[3]

随着有关高校管理者的胜任力研究不断涌现，学者也开始将胜任力研究运用在学生事务管理者上，逐渐构建了针对这一群体的系统胜任力结构模型。国外研究表明，学生事务工作者的胜任特征包括人际关系、个性特征、行政管理能力、研究能力和相应的技术知识五个维度。[4]

我国的研究者们基于对辅导员胜任力的理解，采用不同的研究方法对辅导员胜任力进行维度划分，构建了各具特色的辅导员胜任力模型。

杨继平、顾倩（2004）基于大学辅导员的能力特征提出了16个维度的胜任力结构模型。该模型通过开放式的问卷调查及其访谈结果，分析出语言表达和沟通能力、职业忠诚度及原则性等胜任力维度。[5]

张丽瑛（2006）设计了自编问卷，并通过行为事件访谈深入探讨了清华大学带班辅导员的胜任力特征。研究中，各胜任力特征按照权重大小

---

[1] 张俊友：《从"教师胜任力"的视角对我国教师资格认定的反思》，《江西教育科研》2007年第2期。

[2] 徐建平：《教师胜任力模型与测评研究》，博士学位论文，北京师范大学，2004年。

[3] Boyatzis, R. E., *The Competent Manager: A Model for Dffective Performance*, New York: John Wiley & Sons, 1982.

[4] Burkard, A. W., Cole, D. C., Ott M., Stoflet, T., Entry-Level Competencies of New Student Affairs Professionals: A Delphi Study, *Journal of Student Affairs Research & Practice*, 2005, 42 (3).

[5] 杨继平、顾倩：《大学辅导员胜任力的初步研究》，《山西大学学报》2004年第6期。

分别为：学生需求导向（CSO）、引导与影响（IMP）、主动性（INT）、人际洞察力（IU）、信息搜集（INFO）、培养他人（DEV）与分析式思维（AT），越往前者，权重越大。①

邵凤雨、张鹏（2008）通过专家评分法，总结出各项胜任力指标的权重，并将工作态度、价值观、工作能力和个人魅力作为构成高校辅导员胜任力模型的核心维度。②

2012年，霍晓丹通过大量文献分析和数据分析，采用行为事件访谈法，通过科学的编码和统计分析，构建了双层耦合模型，辨识出我国高校辅导员14项共有胜任力特征和区分胜任力14项特征，其中共有胜任力是高校辅导员所应具备的基本胜任力，区分胜任力是区分高校辅导员与一般绩效辅导员的胜任力，是选拔和培养优秀辅导员的重要指标。③

目前，国内的高校辅导员胜任力模型研究还尚未形成一套完善的、科学的体系。前人研究往往缺乏对辅导员特征的理论界定，也没有对辅导员胜任力问题开展扎实的实证研究，因此，研究者较多依据自身的主观认识或经验判断来界定辅导员的胜任素质。加之，辅导员样本的选择难度大导致研究样本的代表性差，构建辅导员胜任力模型时不仅缺乏理论根据，而且缺乏实证依托，结论过于抽象，研究结论缺乏可操作性也缺乏科学的论证。国内不少研究者建立的辅导员胜任力模型应用效果不理想，也没有达到与高校办学定位、辅导员工作定位、高校文化特质较好的匹配。当前，中国高等教育已经进入以质量提升为特征的内涵式发展阶段，高校的办学理念、组织架构、内部治理、人才培养模式将发生新的变革，辅导员的工作职责和任务也将发生新的拓展和变化，需要依据不同高校的组织情境、工作要求建立更为适切的辅导员胜任力模型。

---

① 张丽瑛：《清华大学带班辅导员胜任特征研究》，硕士学位论文，清华大学，2006年。
② 邵凤雨、张鹏：《基于胜任力模型的高校辅导员绩效管理模式研究》，硕士学位论文，重庆大学，2008年。
③ 霍晓丹：《高校辅导员的素质标准与开发——基于胜任力模型的分析》，北京大学出版社2013年版。

第四节 高校辅导员胜任力及其影响因素研究

国外研究鲜有直接针对胜任力影响因素的研究,在与本书相近的教师胜任力(Teacher Competency)研究中部分涉及胜任力的影响因素。如联合国教科文组织(UNESCO)于 2011 年发布了"教师的信息交流工具胜任力框架"(Information and Communication Tools Competency Framework for Teachers, ICTCFT),旨在提醒教育政策制定者、教师培养者、专业培训机构和教师注意掌握信息交流工具在教育改革中的重要性。ICT 胜任力的影响因素基于以下方面:政策理解、教师专业化培训、教学实践、课程及测评、信息技术和院校组织环境[1]。Dabbagh(2003)认为,"学习支架"(Scaffolding)是网络教育教师胜任力的一个重要体现,主要指教师通过简化学习素材、提供适当的学习环境来支持初学者的学习,而该项胜任力则受到学习者特征、学习任务设置和学习环境的影响[2]。Miller 和 Carpenter(1980)认为专业团体贡献、针对高校领导的实践活动、专业训练和职业意识均可以影响辅导员职业发展[3]。

从国内研究来看,国内研究者从辅导员的个体特征、学校因素、社会因素等角度对辅导员胜任力影响因素进行了分析。

靳江波于 2005 年发表的研究主要针对大学辅导员道德规范与辅导员胜任力水平之间的关系,发现两者之间存在正相关关系,即辅导员的道德规范水平越高则胜任力水平也越高,并可以借助前者来预测胜任力水平[4]。

---

[1] UNESCO ICT, *Competency Framework for Teachers*, http: //unesdoc. unesco. org/images/0021/002134/213475E. pdf.

[2] Dabbagh N. , Scaffolding: An Important Teacher Competency in Online Learning, *Tech Trends*, 2003, 47 (2): 39–44.

[3] Miller, T. K. , & Carpenter, D. S. , Professional Preparation for Today and Tomorrow, In D. G. Greamer fed, *Student Development in Higher Education: Theories, Practices, and Future Directions*, Washington: ACPA, 1980: 187.

[4] 靳江波:《大学辅导员道德规范与胜任力关系的研究》,硕士学位论文,山西大学,2005年。

徐彦红（2009）的研究指出，年龄、学历、工作年限对辅导员胜任力水平有影响，性别、有无培训经历、是否为专职高校辅导员对高校辅导员的胜任力水平影响不大。李密（2013）[①]借鉴国内外胜任力模型理论，从能力、素质和人格魅力三方面分析了高校辅导员职业胜任力的影响因素。研究指出，辅导员的职业发展分为职业化、专业化和专家化三个阶段，不同阶段的辅导员其职业胜任力影响因素有所不同，素质在职业发展不同阶段的要求相对稳定，能力的重要程度逐渐转弱，人格魅力的重要程度逐步提升。

霍晓丹（2012）通过对不同高校类型、性别、学历、不同任职年限辅导员胜任力水平的比较发现，胜任力表现水平与辅导员工作年限因素影响不大，受辅导员性别、学历、高校类型的影响较大。[②]

王九龙（2007）的研究表明，辅导员角色的积极认同可以使辅导员感受到快乐、自豪和组织归属感，拥有或寻求拥有胜任辅导员工作的各种能力并付诸实施。[③]

方海明等（2011）认为，角色的社会支持深刻影响着辅导员自身的角色认同，这种支持包括客观的物质或机制支持以及主观的情感支持。有研究证明，提高社会支持水平能够有效增强辅导员的工作效能感进而有助于提高其工作绩效。[④]

易真龙（2013）的实证研究表明，辅导员的社会支持与其工作绩效相关，辅导员社会支持总体水平较高，其中，来自家人、朋友和同事的社会支持满意度较高，而对于单位领导和学生管理部门的社会支持评价较低，认为其管理和约束、压力大于其给予的指导、帮助和支持。[⑤]

[①] 李密：《辅导员职业胜任力的影响因素及提升策略》，《杭州电子科技大学学报（社会科学版）》2013年第4期。

[②] 霍晓丹：《高校辅导员的素质标准与开发——基于胜任力模型的分析》，北京大学出版社2013年版。

[③] 王九龙：《高校辅导员角色、角色愿景与角色认同》，江苏省教育厅高校人文社会科学研究项目2007年度"高校辅导员的社会评价与自我角色认同"（07SJD710036）阶段性成果之一。

[④] 方海明、吴婉湘：《社会支持与辅导员工作效能感的关系研究》，《高校辅导员学刊》2011年第4期。

[⑤] 易真龙等：《高校辅导员队伍职业化建设理论与实务》，中国矿业大学出版社2013年版。

第五节 高校辅导员胜任力理论应用研究

近年来,胜任力理论的应用遍地开花,企业与组织管理工作越来越多地使用胜任力相关理论和模型,这种使用已不再单单是对培训需求的识别,而逐渐成为具有明确目标的开发性活动。[1] 1989 年,Spencer 关注了科技界、教育界、制造业、销售业、服务业及宗教等行业组织,并对其中的 200 多个工种进行了深入研究。研究中逐渐分析出几百项能够产生优秀绩效的工作行为,并梳理出 21 项个人胜任力。进而,研究建立了分行业(主要行业包括专业技术人员、销售人员、社区服务人员、经理和企业家)通用胜任力模型,并指出了每个模型所包含的具体胜任力。这一研究成果为之后的胜任力模型相关研究打下了良好的基础。[2] 1993 年,Assoche 和 Waterloo 经过研究得出了管理人员的五项基本胜任力特征,分别是概念技能、独创性、领导、人际技能、行政管理和技术。当前,作为国外先进的人力资源开发理念之一,全球财富 500 强企业把胜任力模型作为人才选拔和培养的重要手段之一,美国著名的管理咨询公司——Hay Group 公司在 30 多年的研究基础上建立了大型胜任特质模型库,并广泛运用于企业人力资源管理。

当前国内研究者对高校辅导员胜任力理论的应用研究主要表现为两大思路,一种思路是从宏观视角研究胜任力理论与辅导员队伍的培养与建设,促进高校辅导员管理实现制度化与科学化;另一种思路则是将胜任力理论作为高校辅导员队伍的选拔、培训与考核的重要标准,并逐步着手完善其实施方案,以增强其操作性与实践性。如基于模型的构建,顾倩开展了辅导员胜任力评价的研究,编制了《大学辅导员胜任力问卷》。苏文明等(2006)的研究以胜任力为理论依托,分析了高校人力资源管理视角下的辅导员队伍规划、人员招聘、培训、绩效考核及薪酬管理[3]。邵凤雨

---

[1] Matthwman, J., Trends and Developments in the Use of Competency Frameworks, *Competency*: *The Journal of Performance through People*, 1996, 4 (1): 2–11.
[2] 陈虹:《高校心理健康教育教师胜任力研究》,博士学位论文,福建师范大学,2007 年。
[3] 苏文明、吴薇莉:《基于胜任特征的大学辅导员人力资源管理》,《高等教育研究》2006 年第 6 期。

和张鹏于 2008 年发表的研究在高校辅导员绩效管理模式上取得了新的突破，他们认为辅导员绩效管理不应单纯关注工作成果，而是应将辅导员胜任水平和工作动机状况同样加入评价体系。[①] 邵建平和隋汝梅（2009）在研究中同样探讨了辅导员胜任力的评价体系问题，希望通过对该问题的研究，为选拔和培养辅导员提供有效且可行的胜任力测量工具[②]。罗瑞娟等（2009）根据胜任力理论，针对优化辅导员聘任机制的问题给出了政策建议，初步探索了新的选拔模式[③]。此外，蔡颖在研究中构建了基于胜任力的高校辅导员培训方案[④]。尉庆国、周恩毅（2011）针对当前高校辅导员队伍的现状，提出了基于胜任力理论模型的辅导员招聘、培训、绩效考核和薪酬管理工作流程。[⑤] 王敏幸等（2009）提出要严格准入制度、明确辅导员岗位工作职责，健全激励机制、拓展辅导员个人发展空间，拓展培训渠道、创新辅导员管理考评机制等。[⑥] 张勇等（2011）依据胜任力理论和模型，结合高校辅导员的工作特点，构建高校辅导员评价指标，确定知识、技能、品质、个性动机 4 个一级指标和一般知识、教育心理学知识等 18 个二级指标。[⑦] 朱素阳（2011）通过对高校辅导员胜任力要素与职业生涯发展要素关系的探讨，来研究胜任力模型在高校辅导员职业生涯发展中的应用。[⑧] 霍晓丹（2012）编制了《高校辅导员行为自评问卷》和《高校辅导员胜任力测验》，用标准化测验的方式对辅导员胜任力进行测评，针对辅导员胜任力存在的问题提出了辅导员开发策略。[⑨]

---

① 邵凤雨、张鹏：《基于胜任力模型的高校辅导员绩效管理模式研究》，博士学位论文，重庆大学，2008 年。
② 邵建平、隋汝梅：《高校辅导员胜任特征模型研究》，《江苏高教》2009 年第 6 期。
③ 罗瑞娟、柳礼泉：《胜任力理论指导下的高校辅导员选聘》，《高校辅导员学刊》2009 年第 2 期。
④ 蔡颖：《基于胜任力的高校辅导员培训》，《中国职业技术教育》2008 年第 24 期。
⑤ 尉庆国、周恩毅：《新时期高校辅导员胜任力问题研究》，博士学位论文，西安建筑科技大学，2011 年。
⑥ 王敏幸、孙振民：《新时期高校辅导员职业能力培养的路径选择》，《科技与教育》2009 年第 12 期。
⑦ 张勇、蒋国虹：《基于层次分析法的高校辅导员胜任力评估模型研究》，《成都信息工程学院学报》2011 年第 8 期。
⑧ 朱素阳：《基于胜任力的高校辅导员职业生涯发展研究》，《佳木斯教育学院学报》2012 年第 12 期。
⑨ 李密：《辅导员职业胜任力的影响因素及提升策略》，《杭州电子科技大学学报（社会科学版）》2013 年第 12 期。

第六节 高校辅导员职业发展支持机制建设的理论渊源

一 组织行为学的相关理论

1. 组织支持与组织支持感理论

组织支持理论（Organizational Support Theory，OST）和组织支持感（Perceived Organizational Support，POS）的概念最初是由罗伯特·艾森伯格（Robert Eisenberger）和罗宾·亨廷顿（R. Huntington）等人以社会交换理论和互惠原则为基础于1986年提出的[①]，是在西方文化背景下产生的一种对于现代企业员工—组织关系具有启示意义的管理理论。组织支持理论认为，组织在组织公正、领导支持、组织奖赏和工作条件四个方面对员工给予支持，能够有效增强员工的组织支持感。组织支持感理论则着重强调组织对员工的关心和重视，并指出这些因素才是员工保持并愿意付出辛劳的重要原因[②]。在组织支持感的理论视角下，组织被员工拟人化[③]。艾森伯格认为，组织支持感包括福利支持和尊重支持两个方面，组织支持感会使员工尽力履行好应尽的工作职责，表现对组织的情感性及计算性投入，即使在缺乏个人所期待的直接酬赏或表扬的情况下，仍会有所创新以利组织。麦克米林（McMillin R.）认为，组织的工具性支持也是必不可少的。克里斯蒂安·斯坦伯（C. L. Stamper）等采用问卷调查的方式研究发现，组织支持感对员工角色压力和工作绩效有显著影响。Aline 和 Shore（2003）的研究指出，支持性人力资源实践知觉（参与决策、薪酬公平、成长机会）有助于组织支持感的形成。

2. 心理契约理论

阿吉里斯（Argyris）认为，员工与组织不仅在雇佣契约的规定下建立了正式的雇佣关系，也因某些心理因素建立了一种期望关系，而这种关

[①] Eisenberger R., Huntington S., et al., Perceived organizational support [J]. *Journal of apolied psychology*, 1986, 71 (2): 500 – 507.
[②] 张树连:《关于组织支持感的研究评述》,《社会心理科学》2011年第3期。
[③] 李根强:《组织支持感理论及其在当代组织中的应用》,《四川职业技术学院学报》2006年第11期。

系往往是无形的、无法明确解释的①。斯凯恩（Schein E. H.）认为，在任一组织中，每一成员与该组织的管理者之间及其他人之间的非成文的相互期望。心理契约广义上指一种双向的心理约定，即员工与组织之间相互的责任期望。② 从员工的视角分析，他们期望通过个人才能的发挥和努力的投入，得到认同、尊重和自我实现，进而带来职务的晋升和公平回报，满足个人需求；从组织的视角分析，组织往往期望员工能够表现出足够的忠诚，并对工作尽职尽责③。莫瑞森（Morrison）和鲁宾森（Robinson）于20世纪八九十年代将心理契约研究进行了推进。他们的研究认为，组织是契约方，但本身不对心理契约的形成过程进行加工，而是提供形成心理契约的背景环境；进而认为，心理契约更应被定义为组织与员工互动情境中，员工个体与组织集体之间建立的有关相互责任义务的信念系统。④

3. 工作投入相关理论及模型

工作投入是指一个人对其本职工作的积极主动态度和热爱迷恋程度。早期维克多·弗洛姆（Vroom）认为是一种内在激励，Lodahl和Kijner把它看作对工作的认同和价值观的表现，后来人们将其视为一定的工作态度（Lowlier & Hall, 1970）。⑤ 相关研究表明，高水平的工作投入能对个体的工作态度和工作绩效产生正向影响。影响个体投入的因素包括人口学特征因素、个体特征因素和工作特征因素，个体的职业认知影响其工作投入，组织公平、组织支持感和员工对组织的承诺对工作投入有很好的预测作用。

维克多·弗洛姆的期望理论模型认为：某一活动对个人的激励力量取决于他能得到的全部预期的价值（效价）乘以他认为达成该结果的期望概率，效价受个人价值取向、主观态度、优势和个性特征的影响，目标价值大小直接反映人的需要动机的强弱，期望概率反映人实现需要和动机的

---

① Levinson, *Organizational Diagnosis*, Cambridge: Harvard University Press, 1962.
② 郝占良、吴葛、何茂艳：《建立心理契约：从招聘开始》，《出国与就业：就业教育》2010年第2期。
③ 王官诚、汤晖：《基于心理契约的知识型员工管理》，《中国市场》2008年第10期。
④ Robinson, S., Kraatz, M. & Rousseau, D., Changing Obligations and the Psychological Contract: A Longitudinal Studyd, *Academy of Management Journal*, 1994: 37.
⑤ 转引自张林《企业员工工作投入结构维度及其相关研究》，博士学位论文，暨南大学，2008年。

信心强弱。

Rabinowitz 和 Hall 提出了综合理论模型，认为工作投入是一种个体差异变量，不随具体工作环境的特点变化，它主要是个体在社会化过程中将传统的工作价值观内化的结果；工作投入易受组织环境所影响，是受个人所处的工作环境诱导下的产物，如工作的重复性、管理行为等；工作投入是个人与其工作环境交互作用的结果，是个人特质与工作情境互动下的产物。[1]

Tsui 按照诱因—贡献的思路对早期的 Barnard 激励—贡献模型的两种雇佣模式进行了扩展。Tsui 等学者认为，雇佣关系就是组织对员工的投入与员工对组织的贡献之间的社会交换关系。Tsui 及其同事（1997）对雇佣关系的界定主要包含以下两个维度：一方面，雇主对雇员为组织所做的贡献有所期待（Expected Contribution）；另一方面，雇主为鼓励雇员做出贡献而提供一定的激励（Provided Inducement）。前者着重指组织期望员工的贡献（如职责的完成、良好的组织公民表现等）；后者指员工感知到的回报（如工资、奖金、福利等物质报酬，以及培训、发展机会等发展性报酬）。基于以上两个维度，Tsui 等人进一步界定了四类雇佣关系类型，即准交易契约型、相互投资型和过度投资型、投资不足型。其中，前两个类型为平衡类型，后两个类型为不平衡类型。他们的理论强调了以组织为中心的雇佣关系（相互投资型雇佣关系）既是经济性质的交易也是社会和情感性质的交易，组织与员工的互惠关系没有明确的期间界限，双方交换具有较大的动态性。此外，由于工作内容复杂或工作环境不确定性高等原因，员工贡献不容易被定义清楚，抑或其工作结果很难测量。[2]

在"人本主义"管理思想影响下，高校的角色在现代大学管理中发生了变化，已经成为支持者的角色。激励理论和相关模型为分析和研究高校辅导员生涯发展支持机制提供了一个新的视角。基于高校辅导员工作"低资源—高贡献"的特征，组织支持更能够激发辅导员的内在动机，并

---

[1] 转引自赵美玲《国小女教师工作特性知觉、角色压力与其工作投入关系研究》，中国台湾：新竹师范学院国民教育所，1997 年。

[2] Tsui, A. S., Pearce, J. L., Porter, L. W. & Tripoli, A. M., Alternative Approaches to the Employee Organization Relationship: Does Investment in Employees Pay Off?, *Academy of Management Journal*, 1997（40）：1089 – 1121.

促进辅导员的职业生涯的持续发展。该理论启示我们，高校要想得到辅导员的认同与投入，提高其工作绩效，减少离职和非效率行为，需要构建相互投资型雇佣关系，建立组织导向型的生涯发展支持机制。

二 职业生涯发展相关理论

1. 职业发展阶段理论

Miller 和 Carpenter（1980）认为，职业发展是一个从单一到复杂的行为累积过程，最佳的职业发展是所有致力于专业成长的个体及环境相互作用的结果，高校学生事务专业人员的职业发展可以分成形成期、应用期、累积期和生成期四个阶段，这四个阶段的发展具有连续性。①形成期，在校大学生通过和学生事务专员的接触，意识到学生事务管理可以作为将来的一个职业选择，然后进行了咨询、学生事务实践、学生发展等有关硕士研究生的学习深造；②应用期，开始拥有第一个专业岗位，这些岗位可能是宿舍主管或宿舍主任、项目助手、心理咨询员或职业咨询员等，承担了相应的专业岗位的工作职责；③累积期，开始于获得第一个决策性的岗位，如学生事务主任、就业指导主任、心理咨询师等，这些岗位一般需要具有丰富的知识经验和较高的技能，且肩负着管理别人的职责；④生成期，是指一个人在学生事务管理岗位上经过长期的、富有成效的职业发展，如果适时通过先前的发展阶段就能够达到专业实践的顶峰即专业生成阶段。这个阶段将获得其他专业领域人士的尊重，经常受邀担任顾问、会议发言人、撰写指引这个领域未来发展的文章或专著以及担任协会领导等，这些人通常是高校的副校长、教授等，担负着指导更多年轻人职业发展的责任。①

2. 教师生涯循环论

费斯勒（Fessler, 1985）的教师生涯循环论认为，教师的发展轨迹是一种可循环、可重生的发展系统，并非线性式发展。教师的发展是个人环境（家庭影响、成长经历、重要事件、个人气质和个体经验等）、组织环境（高校自然、人际环境、专业组织机构、管理风格和社会期望等）和生涯环境（职业引导、能力建立、职业热情、生涯挫折等）相互影响和作用的结果。这个相互作用的发展过程从职前准备到资深成熟

---

① 李永山：《美国大学学生事务管理人员职业发展过程及启示研究》，博士学位论文，合肥工业大学，2013 年。

教师可分为职前教育阶段（Pre‑service）、引导阶段（Induction）、能力建立阶段（Competency Building）、热心和成长阶段（Enthusiastic and Growing）、职业挫折阶段（Career Frustration）、稳定和停滞阶段（Stable and Stagnant）、职业消退阶段（Career Wind Down）和职业退出阶段（Career Exit）八个阶段。并阐明了教师在每个阶段的专业发展特征和需求，提出了相应的激励措施和支持体系方面的建议。该理论对于完整的教师职业生涯规划和依据教师各个发展阶段对其提供辅助支援都具有重要的理论参考价值。[1]

3. 教师生涯发展模式

司德菲（Steffy，1989）依据人文心理学派的自我实现理论，将教师的发展分为预备生涯阶段（Anticipatory Career Stage）、专家生涯阶段（Expert Master Career Stage）、退缩生涯阶段（Withdrawal Career Stage）、更新生涯阶段（Renewal Career Stage）和退出生涯阶段（Exit Career Stage）。初任教师通常需要三年时间才能进展到下个阶段，退缩生涯阶段又分为初期的退缩、持续的退缩和深度的退缩三个子阶段。高校中，处于初期退缩阶段的教师往往占大多数，但最容易被忽视，这个阶段的教师大都缺乏主动性和进取精神。事实上，该阶段教师更需要高校给予支持、指导和帮助，有效的支持可以促使他们返回专家生涯阶段。司德菲提出了"更新生涯阶段"的概念，指出对于处于发展低潮期的教师，如果给予他们适时、适度的协助与支持，如参加研讨会、进修课程等，他们有可能度过低潮期而继续追求专业成长，弥补了费斯勒教师生涯循环论的不足，为教师专业的持续发展提供了重要的理论依据。[2]

4. 教师职业周期主题模式

休伯曼（Huberman）等人[3]将心理学和社会学的方法相结合，提出了教师发展分为入职期（Career Entry）、稳定期（Stabilization Phase）、实验和畸变期（Experimentation and Diversification）、重新评估期（Reassessment）、平静和关系疏远期（Serenity and Relational）、保守和抱怨期

---

[1] Fessler R., *A Model for Teacher Professional Growth and Development*, Career long Teacher Education, Springfield IL: Thomas C. C., 1985.

[2] Steffy, Teacher Career Development Pattern, *Teacher Development*, 1990, 12（3）: 29.

[3] Huberman M. & Schapria A., Cycle de vie et enseignement: Changements dans les relations enseignats, *Cymn Asium Helveticum*, 1979（1）: 113–129.

（Conservation and Complaints）、退休期（Disengagement）七个时期。入职期在教师生涯的 1~3 年，该时期有自我怀疑和倍感压力的一面，也有兴奋热情的一面；稳定期在工作后的 4~6 年，职业心态较为稳定，表现出自信和愉悦；实验和畸变期在工作后的 7~25 年，是一个富有创新精神和追求变革、发展的时期，也会因为工作的重复单调而产生职业倦怠从而进入重新评估，如果改革失败也会进入重新评估期，其理论从心理学角度较为全面地反映了教师的发展路线。

职业生涯发展相关理论都指出：职业生涯的发展是一个连续的、动态的、纵贯整个职业生涯的过程。其中，来自个体和周围环境的各方面因素的影响对个体职业发展意义重大。该理论为探索高校辅导员胜任力支持策略和支持机制提供了理论基础。高校应根据辅导员职业发展的阶段性规律，明确相应阶段的辅导员专业发展要求和发展任务，从外部组织支持环境创设入手，根据辅导员专业化发展的偏好，在不同职业发展阶段设计差异化的支持策略和支持平台，并建立完善的发展支持机制，为辅导员的可持续发展提供保障。

第三章 研究设计

第一节 概念界定

概念是思维的起点,是进行判断和推理的基础,厘清高校辅导员胜任力及其生涯发展支持机制的内涵,有利于确定本书的定位,明确研究的重点。

一 胜任力

胜任力(Competency)来自拉丁语 Competere,意思是适当的;还有人译作素质、能力、才能、胜任力、胜任特征等。本书采用的胜任力定义是美国心理学家 Spencer 的界定,即在特定工作(组织或文化)中,可以通过某种深层特征将表现优异者与表现平平者进行区分;这种特征包括动机、特质、形象、态度、价值观或在某领域的知识技能。也可以说,任何可以被可靠测量,并能显著区分绩效高低的个体特征都可以被认为是胜任力。[1]

二 高校

"高校"是"高等学校"的缩写,是以实施高等教育为主要职能的机构。在我国,高校分成普通高等院校和成人高等学校两类。前者包括大学、高等专科学校和高等职业高校,后者包括广播电视大学、职工高等学校、农民高等学校、管理干部学院、独立函授学院和普通高等高校举办的函授部(或学院、班、夜大学)等。本书中的"高校"指的是普通高等学校。

---

[1] Spencer Jr. L. M., Spencer S. M., *Competence at Work: Models for Superior Performance*, New York: John Wiley & Sons, 1993.

三 高校辅导员

高校辅导员的概念可以说是我国所独有的范畴,"辅导员"又称"政治辅导员",是在高校中专门从事学生思想政治工作的人员。辅导员以组织协调多方力量开展学生思想政治教育工作为根本任务,并要充分结合高校人才培养目标和学生主体的发展规律,将思想政治教育融入人才培养的实践当中。①

《中国大百科全书·教育卷》对"学生政治辅导员"做出了解释,认为他们是中国高等学校的基层政治工作干部。他们的基本任务分为两个层次:其一,在校、院(系)层次,要在相关党组织的领导下,完成关心学生成长成才,对学生进行思想政治教育的任务;其二,在系科和年级层次,则要协调层级内部多方力量来充分开展学生思想政治教育工作。②

《教育大辞典》将"高校辅导员"定义为"高校中从事学生思想政治工作和学生管理的人员"。他们不仅要承担指导学生在校期间德、智、体全面发展的任务,而且还是思想政治工作队伍的重要组成部分。可以说,辅导员的身份非常特殊,需要紧密联系高校领导和学生群体,更需要在大学生中具体执行党的指示。因此,辅导员要在校系党组织的领导下,遵循高校的人才培养目标和学生发展规律,协调组织内外多方力量开展针对大学生的思想政治教育工作。③

2006年,教育部发布了关于辅导员、班主任工作的配套文件(24号令),指出学生辅导员同样属于高校教师队伍,其重点任务是开展大学生思想政治教育和德育工作,是大学生成长和发展的"引导者"和"领路人"④。

目前,我国高校辅导员的组成采取了"专职为主,专兼结合"的原则,除了专职从事辅导员工作的人员外,还有一线教学的教师和部分职能部门、学院的行政干部、学生干部担任兼职学生辅导员。按照教育部办公

---

① 顾明远:《教育大辞典》,上海教育出版社1996年版。

② 中国大百科全书出版社编辑部:《中国大百科全书——(教育卷)》,中国大百科全书出版社1998年版。

③ 文婷:《高校辅导员专业素质研究》,博士学位论文,河海大学,2006年。

④ 教育部:《普通高等学校辅导员队伍建设规定》,中华人民共和国教育部令第24号,2006年。

厅《关于界定直属高校专职辅导员范围的通知》（教人厅［2008］11号）[①]中专职辅导员、一线专职辅导员、兼职辅导员的界定，高校专职辅导员主要从事学生日常思想政治教育工作，包括院系学工组长、团总支书记、党总支副书记等副处级以下从事学生工作的人员。实践当中，一线专职辅导员多为除去院系学生工作办公室主任、党总支书记和党总支副书记之外的专职辅导员。对于这部分辅导员的配备基本参照北京市相关规定，要求师生比达到1∶200，且此类辅导员必须带班，以学生的日常思想政治教育和学生事务管理工作为主要工作职责。非一线的专职辅导员也需要带班，但带班数量较少，此类辅导员主要由院系学生工作办公室主任、团总支书记和党总支副书记兼任，统筹协调全院的学生思政工作，并负责督促一线专职辅导员相关工作。兼职辅导员指兼职从事辅导员工作的人员，包括带班的学生工作部门、研究生工作部门、校团委等相关职能部门工作人员，一线教学的教师，离退休教师及学生干部等，主要配合一线专职辅导员开展学生思想政治教育、学业辅导和班级管理。此外，一些高校从本校推荐免试的硕博研究生中择优选聘"2+2""2+3"类型辅导员，他们中的大部分专职从事辅导员工作，同样可以列为一线专职辅导员并参与统计；当结束全职工作两年进入研究生学习阶段，他们可以以兼职辅导员身份继续从事辅导员工作，改列为兼职辅导员参与统计。

本书的研究对象是普通高等学校在大学本科阶段从事辅导员工作的辅导员，研究范围包括专职辅导员（含一线专职辅导员）和兼职辅导员。

四 高校辅导员胜任力

本书中高校辅导员岗位胜任力的定义是：使我国普通高等学校中的本科生专职辅导员能够胜任本岗位工作并且在岗位上取得优秀工作绩效所具有的潜在的、相对稳定的、可以被测量的个体特征，包括个人特质、职业动机、自我概念、社会角色、态度、价值观、知识、技能等多个层面。它紧紧围绕辅导员岗位，与辅导员绩效密切相关，能够促进高校人才培养目标的实现。

---

① 教育部办公厅：《教育部办公厅关于开展普通高等学校辅导员队伍建设情况自查工作的通知——附件三》（教思政厅函［2011］4号）2011年。

五 高校辅导员职业发展阶段

参照美国学者 Miller 和 Carpenter 提出的高校辅导员职业发展的四阶段模式理论，根据我国高校辅导员范围的界定和《普通高校辅导员职业能力标准》（暂行）对辅导员职业能力各层级从业年限的界定，本书将我国高校辅导员的职业发展阶段划分为形成建立期、探索积累期和维持生成期三个阶段，不同的职业发展阶段有不同的发展任务，每一个阶段之间的转换会受到环境或个人各种不稳定因素的影响，如果不能妥善处理，就会造成一定的职业发展障碍。

表3-1　　　　　　　　高校辅导员职业发展阶段[①]

阶段	关注问题	发展任务	未妥善处理后的障碍
形成建立期（1~3年）	认识职业特性及职业范围；决定是否选择该职业；做好初步的准备工作等	获得充分的教育和入职培训，拥有一个辅导员事务性岗位，取得相应证书；适当的学习和实践，以满足各级管理者的工作标准和要求；获得理论知识和必要的技能，解决学生事务性问题；了解学生思想政治教育、管理、服务和学生组织管理的政策和基本方法；阅读报纸杂志和专业出版物；内化辅导员职业信念和职业价值观；为建立联系和晋升到一个管理性职位参加省市或全国培训基地的会议和交流活动	出现职业选择障碍，影响未来的职业成功
探索积累期（4~8年）	将第一阶段及以前的知识技能投入使用；建立职业认同，形成职业忠诚感，并为以后进一步的发展做好准备	把技能和能力应用到学生发展性问题的咨询辅导和思想观念的引导；学习承担专业决策的责任；坚持应用已经形成的职业道德规范；参加学历晋升、在职培训、工作研究和其他获取知识与技能的活动，以利于更好地履行现有的岗位职责	个人潜能不能充分挖掘，职业个性缺失，出现职业发展障碍等

---

① 段凌燕：《高校辅导员职业化的困境与对策研究》，博士学位论文，长安大学，2010年。

续表

阶段	关注问题	发展任务	未妥善处理后的障碍
维持生成期（8年以上）	职业创造力；职业贡献度；职业成熟度；促进他人成长；对组织机构和学生工作规划施加影响；引导未来的职业变革等	创造和设计促进学生发展新的途径和方法，担负某一管理部门或监督他人专业行为和道德规范的责任；为分享现有的思想和实践，致力于某一专门领域的研究；向学校其他教职工群体宣传学生工作理念；鼓励年轻辅导员对他们的专业发展和学生发展负责，同时为他们提供支持、指导和实践反馈；通过传帮带，指导相关专业毕业生进入学生事务领域，鼓励所有辅导员继续专业发展；协商、指导和监督一线专职辅导员，帮助他们实现学生发展的目标；参加当地和全国专业协会的研修活动；对新的思想政治工作方法和学生发展理论进行分析评价；研究分析当前和未来学生发展理论和学生工作实践；向所有辅导员分享自身丰富的学生事务经验；作为高级学生事务专家，指导全国专业协会的发展；对于那些缺少学生工作经验的学生工作专职人员，鼓励他们参与关于高校学生工作的研究	导致职业生涯发展停滞，完整感缺失，个人职业成就感不强，不能传承职业精神，职业责任感降低；职业变革缓慢等问题

第二节　研究假设与理论框架

一　研究假设

假设1：不同职业特征的高校辅导员，其胜任力特征及表现水平有显著差异。

1.1 院校选拔性较高的辅导员其胜任力水平显著高于院校选拔性较低的高校辅导员；

1.2 一线专职辅导员胜任力水平显著高于专职辅导员，且一线专职和非一线专职辅导员胜任力水平均显著高于兼职辅导员；

1.3 职业发展阶段越高的辅导员其胜任力水平显著更高。

假设2：在控制了职业特征影响的情况下，高校辅导员胜任力特征及表现水平受到组织支持和职业投入的影响。

2.1 高校辅导员胜任力水平受到职业投入因素的显著正向影响；

2.2 高校辅导员胜任力水平受到环境支持、政策支持和组织激励的显著正向影响。

假设3：组织支持不仅直接影响高校辅导员的胜任力，也通过职业投入间接影响胜任力，共同构成了对高校辅导员胜任力的影响机制。

3.1 高校辅导员的胜任力水平受到组织支持各因素的显著直接影响；

3.2 组织支持通过职业投入的中介作用对胜任力具有显著的间接影响。

假设4：学生特征、家庭压力等其他因素以具有个性化的方式影响高校辅导员胜任力表现及其职业发展。

二 研究思路及理论框架

本书以辅导员胜任力为核心结果变量，通过三部分研究，构成了研究的整体理论框架（见图3-1）。

首先，通过胜任力测验获得胜任力水平数据，分析胜任力的具体维度。根据相关文献及辅导员工作实践，梳理了首都高校辅导员的胜任力整体情况及不同职业特征群体之间的胜任力差异。

其次，研究聚焦了在控制职业特征的情况下，组织支持和职业投入因素对辅导员胜任力的影响。在此基础上，本书进一步分析了组织支持、职业投入对辅导员胜任力的具体影响机制，重点分析和验证职业投入的中介作用。

最后，基于影响因素和影响机制研究结果，引入学生特征等其他因素，对辅导员胜任力的影响机制进行质性分析，最终形成改善和促进高校辅导员胜任力的组织支持策略。

需要说明的是，由于高校辅导员工作及其胜任力的复杂性，其影响因素也是复杂多样的。本书在框架设计中，考虑了职业特征带来的胜任力差异并控制了这部分因素；在此基础上，将研究重点聚焦于高校的组织支持对胜任力的影响，以及组织支持怎样通过职业投入的内部转化而作用于胜任力。

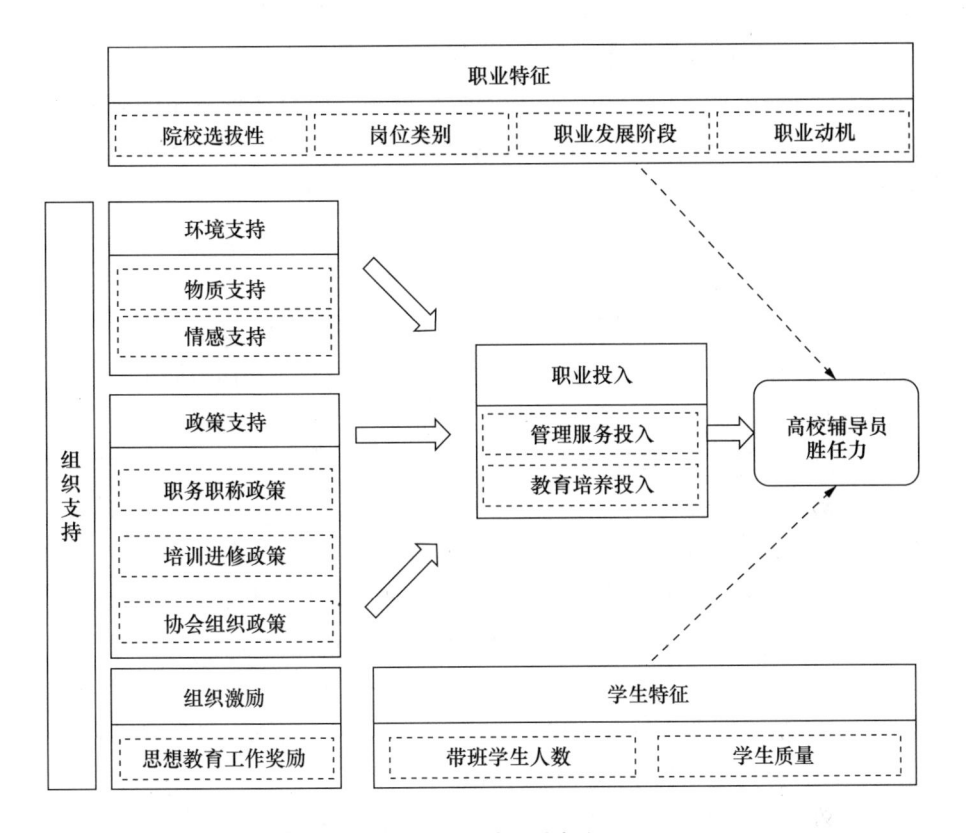

图 3-1 本书研究框架

第三节 研究方法

在社会科学研究中，定量研究和质性研究是被广泛探讨和应用的两大研究方法。学者在长时期的探讨中发现，定量研究可以在宏观层面对社会现象进行大面积的统计调查和分析，检验理论假设，并研究事物的因果关系和变量之间的关系，但只能涉及可量化的部分，反映抽样总体中的平均水平。相反，质性研究则可以在微观层面对现象进行深入细致的描述和分析，有利于了解事物的复杂性。① 将定量和定性的方法进行结合，则为混合研究方法。② 混合研究更加契合"多面、多层次、多视角"的社会特点，使学术研究能够融合多种形式的数据资料、整合多种视角的研究方法。混合研究方法的应用，通常可以起到增强研究发现、完善研究解释以及形成研究发现之间的相互确证的作用。

高校辅导员是复杂性极强的职业。一方面，由于高校辅导员不同的产生背景和发展历程，使辅导员队伍具有不同于专业教师和单纯行政管理队伍的群体特点，也存在不同于其他高校教职工主体的职业发展困境。另一方面，不尽统一的职业准入标准，尚不清晰的职业定位与岗位职责，尚不完善的评价体系和职业发展路径，过于繁杂的工作内容，都使高校辅导员因院校和个体差异而体现出个性化特点。

因此，对高校辅导员胜任力的研究，需要采用定量研究与质性研究相结合的混合研究方法。首先，通过以问卷调查数据为基础的定量研究，呈现高校辅导员群体的胜任力状况，探寻高校辅导员胜任力影响因素和影响机制，以建立对高校辅导员胜任力及其影响机制的宏观层面了解。其次，通过质性访谈和案例研究，更加深入地了解高校辅导员的职业发展特征、发展状况，验证和补充解释定量研究结论，进一步剖析其胜任力的个性化影响机制，以形成更加全面的策略建议。

一 《首都高校辅导员职业状况调查问卷》及定量研究

本书的定量部分主要采用自行编制的《首都高校辅导员职业状况调查问卷》（见附录一）采集的数据进行分析。

1. 测量工具的研发

调查问卷从前期准备、编制修订到最终形成，整个设计过程可以划分为三个阶段，具体情况如下。

阶段一：问卷准备阶段。在确定研究问题的基础上，进行高校辅导员相关的文献及政策研究，做好问卷设计的理论准备；选取高校辅导员案例进行开放式群体访谈，对研究问题进行拓展性探析；同时，对部分高校学生事务管理工作的资深从业者和高等教育领域的专家学者进行专家咨询，

---

① 陈向明：《质的研究方法与社会科学研究》，教育科学出版社2000年版，第472—473页。

② 朱迪：《混合研究方法的方法论、研究策略及应用——以消费模式研究为例》，《社会学研究》2012年第4期。

进一步剖析研究问题，厘清研究思路。

阶段二：问卷编制阶段。在理论和实践经验准备基础上，设计问卷框架和研究维度，并将框架中的概念进行操作化定义。根据操作化定义和测量维度，编制具体问题，形成预测问卷。

阶段三：问卷形成阶段。将预测问卷进行专家咨询和小规模试测，根据反馈意见多次调整，最终形成正式问卷，即《首都高校辅导员职业状况调查问卷》。

问卷具体设计流程如下：

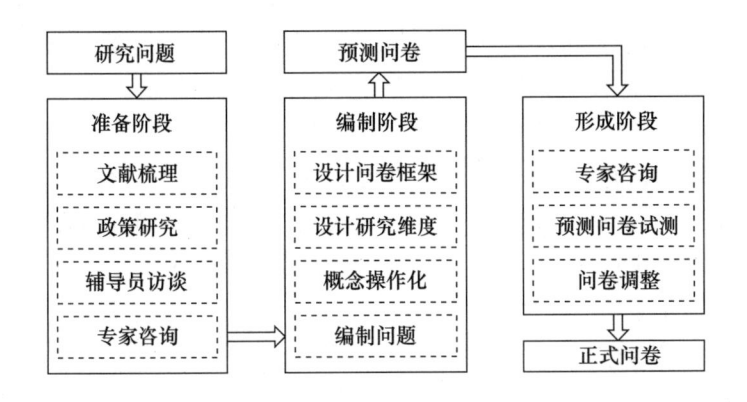

图3-2 问卷设计流程

正式问卷共包含四部分内容。①基本信息：自编题目，主要采集了与研究问题相关的辅导员个体特征变量，共24题。②工作职责与内容：自编题目，根据政策文本分析和高校辅导员工作实践编制辅导员工作职责量表，采集辅导员各项工作职责的开展和认同情况。③胜任力情况：参照霍晓丹（2012）编制的《高校辅导员胜任力测验》，共49个子题项。④职业发展状况：自编题目，主要采集了职业发展状况、组织支持和满意度等具体变量，共17题。

2. 问卷调查实施

研究以北京高校辅导员为调查对象，并以北京高校辅导员队伍实际情况为依据展开。根据北京市对高校辅导员队伍的年度统计，北京高校共有辅导员约5700名，985院校2228人，211院校1705人，普通本科院校1566人；男性辅导员约占48%，男女比例基本均衡；学历层次以本科和硕士为主，分别占辅导员队伍的40%左右；从岗位类别来看，一线专职辅导员和兼职辅导员约各占队伍的45%，专职非一线辅导员比例最小（约10%），"2+2"或"2+3"类型辅导员约占辅导员队伍的11%；从职务职称上看，副科及以下行政级别（75%），初级及以下（59%）和中级（32%）职称群体为主体；约六成辅导员从业年限为0—3年，约三成从业4~8年，仅一成左右辅导员从业8年以上。参照以上基本情况，本书将抽样比例定为20%。需要特别说明的是，由于211院校辅导员以一线专职辅导员为主体，其工作领域更切合国家层面对高校辅导员的职责界定，且胜任力研究对211院校辅导员及其队伍建设的实践指导意义更大，因此把211院校辅导员作为主要研究关注点，将其抽样比例提高为40%，其余院校类型抽样比例仍为20%。

在调查实施的过程中，成立了研究课题组，向北京市部分高校的学生工作部等辅导员相关行政管理部门发放调查邀请。接受调查邀请的院校，课题组派专人向其配发符合抽样比例的问卷，讲解抽样调查要求，负责回收问卷。调查中，要求参与高校在发放问卷时充分考虑本校辅导员的岗位类型、从业年限等分布情况，完全匿名填答问卷，并安排专人回收问卷，以保证问卷填答质量和回收率。

最终，共43所北京高校参与本次调查，发放问卷1700份，回收问卷1527份，回收率为89.8%；其中有效问卷1525份，有效回收率为99.7%。有效样本中，男性辅导员690人，占46.20%；本科学历辅导员495人（32.50%），硕士学历辅导员887人（58.24%），其他学历层次辅导员均不足10%；一线专职辅导员占比最高，约占53.86%；行政级别以副科及以下为主体，占72.73%；专业技术职务以初级及以下为主体，占66.60%；有效样本中，57.52%的辅导员从业年限为0~3年，32.70%为4~8年，仅9.78%的从业8年以上。从各因素分布情况来看，调查样本与北京高校辅导员队伍实际情况匹配度较高，能够有效反映相关情况。

3. 变量说明

根据研究框架及数据情况，本书将通过问卷测验获得被解释变量，即辅导员胜任力，该变量具体情况将在后文中详细分析。此外，研究从问卷中提取出定量研究中使用的主要解释变量，具体说明如表3-3所示。

表 3-2　问卷调查有效样本基本情况统计

单位：人、%、个

		985院校 人数	985院校 比例	211院校 人数	211院校 比例	普通本科 人数	普通本科 比例	高职高专 人数	高职高专 比例	总计 人数	总计 比例	有效样本
院校类别总计		360	23.61	631	41.38	292	19.15	242	15.87	1525	100	1525
性别	男	173	49.15	312	49.60	102	35.54	103	45.37	690	46.20	1495
	女	179	50.85	317	50.40	185	64.46	124	54.63	805	53.80	
最高学历	专科及以下	5	1.39	0	0.00	0	0.00	18	7.47	23	1.51	1523
	本科	157	43.61	174	27.62	43	14.73	121	50.21	495	32.50	
	硕士	150	41.67	414	65.71	223	76.37	100	41.49	887	58.24	
	博士	48	13.33	42	6.67	26	8.90	2	0.83	118	7.75	
岗位类别	一线专职	123	40.20	286	51.44	179	71.89	109	59.56	697	53.86	1294
	专职	94	30.72	98	17.63	42	16.87	35	19.13	269	20.79	
	兼职	89	29.08	172	30.94	28	11.24	39	21.31	328	25.35	
行政级别	副科及以下	242	72.24	438	76.44	155	59.85	141	80.57	976	72.73	1342
	科级	72	21.49	111	19.37	78	30.12	26	14.86	287	21.39	
	副处	21	6.27	23	4.01	26	10.04	7	4.00	77	5.74	
	正处及以上	0	0.00	1	0.17	0	0.00	1	0.57	2	0.15	
专业技术职务	初级及以下	272	76.40	451	72.28	128	44.29	144	64.00	995	66.60	1494
	中级	74	20.79	159	25.48	151	52.25	66	29.33	450	30.12	
	副高	10	2.81	12	1.92	10	3.46	14	6.22	46	3.08	
	正高	0	0.00	2	0.32	0	0.00	1	0.44	3	0.20	
从事辅导员工作年限	0~3年	234	66.86	373	61.05	138	48.08	108	45.96	853	57.52	1483
	4~8年	91	26.00	186	30.44	117	40.77	91	38.72	485	32.70	
	8年以上	25	7.14	52	8.51	32	11.15	36	15.32	145	9.78	

其中，组织支持共包含三个维度的6个变量，为本书的核心解释变量；职业投入为因子分析获得的2个因子得分变量（管理服务投入和教育培养投入）。除此之外，本书还引入了院校选拔性、岗位类别、职业发展阶段和职业动机共4个维度的职业特征变量，作为描述统计部分的分类变量，以及影响因素和影响机制分析中的控制变量。

表3-3　　　　　　　　　　解释变量说明

因素类别		具体变量	变量说明
组织支持	环境支持	物质支持	因子得分变量
		情感支持	因子得分变量
	政策支持	职务职称支持	连续变量
		培训进修支持	连续变量
		协会组织支持	连续变量
	组织激励	思政教育工作奖励	1=是、0=否
职业投入		管理服务投入	因子得分变量
		教育培养投入	因子得分变量
职业特征	院校选拔性	985院校	1=是、0=否
		211院校	1=是、0=否
		普通本科院校	1=是、0=否
		高职高专院校	1=是、0=否
	岗位类别	一线专职辅导员	1=是、0=否
		专职辅导员	1=是、0=否
		兼职辅导员（参照组）	1=是、0=否
	职业发展阶段	形成建立期	1=是、0=否
		探索积累期	1=是、0=否
		维持生成期（参照组）	1=是、0=否
	职业动机	内部动机	连续变量
		外部动机	连续变量

4. 数据分析方法

本书使用SPSS20.0和AMOS20.0等软件对数据进行分析，所采用的主要统计方法包括：①因子分析：分析辅导员胜任力、职责投入、环境支持等具体维度。②多元线性回归：研究辅导员胜任力的影响因素。③结构方法：运用结构方程模型，验证测量工具的信度和效度，分析辅导员胜任力具体维度；进行以职业投入为中介变量，组织支持对辅导员胜任力的路径分析，描绘具体的影响机制。

二 质性访谈及典型案例研究

在定量研究的基础上，本节的第二部分采用质性研究的方法。通过对研究对象的深度访谈，探究高校辅导员胜任力的影响因素，梳理影响机制，并引入学生质量等定量研究无法考量的因素，呈现相对真实的情境下辅导员胜任力表现及其职业发展与组织支持等因素之间的关系。

1. 访谈设计与预研究

笔者首先选取某高校作为研究试点，邀请该校二十余名各发展阶段辅导员进行焦点团体访谈，让访谈对象围绕辅导员职业发展和职业胜任的相关问题进行开放式的讨论和互动，记录互动中探讨较多的问题和主要观点。团体访谈的目的有二：第一，为研究者梳理研究问题和思路提供机会；第二，为正式访谈提纲的确定提供贴近真实情境的提问点。

根据焦点团体访谈材料，结合文献和数据分析，整理形成辅导员预访谈提纲。随后，抽取若干名辅导员进行预访谈，以测试访谈提纲的效用，也对访谈员的访谈技能进行演练，对方法进行完善。经多次修订，最终形成正式的辅导员访谈提纲（见附录二），并根据该提纲编制了与之相匹配的职能部门领导访谈提纲（见附录三）。

2. 访谈对象的抽样

访谈对象的确定过程中，采用目的性抽样方法，抽取"能够为研究问题提供最大信息量的研究对象"[①]。根据核心研究问题，即高校辅导员的胜任力及其发展支持机制研究，访谈对象确定为两个群体：高校辅导员和高校职能部门领导。前者能够从辅导员的视角，提供研究主体，也就是发展支持机制接受方的相关信息；后者则从高校组织的视角，提供发展支持机制建立或供给方的相关信息。

在具体访谈对象的选择中，采用了"分层目的型抽样"方法，以了解每一个同质性较强的层次内部的具体情况，方便在不同层次中进行比

---

① 陈向明：《质的研究方法与社会科学研究》，教育科学出版社2000年版，第103页。

较，进而达到了解总体异质性的目的①。辅导员抽样过程中，以辅导员职业发展阶段进行分层，从不同阶段中随机抽取代表性较强的辅导员进行访谈，以便了解不同发展阶段辅导员的内部情况以及不同阶段辅导员的情况对比。职能部门领导的抽样中以院校类别为分层依据，从985院校、211院校、普通本科和高职高专院校四类院校中分别随机抽取与辅导员的管理和培养相关性较高的职能部门领导进行访谈。

遵循以上抽样原则，由专人负责与北京部分高校的辅导员及职能部门领导进行联系，说明研究情况和访谈目的并发出访谈邀请，最终确定了21名辅导员（见表3-4）和9名职能部门领导（见表3-5）作为访谈对象。

表3-4　　　　　　接受访谈的辅导员基本信息

序号	代码	性别	从业年限（年）
1	LYD	男	0.5
2	ZTY	女	1.5
3	MFG	男	2
4	LQ	女	3
5	LJ	女	3.5
6	LYY	女	4.5
7	HYH	女	4.5
8	YKM	男	5
9	HN	女	5.5
10	FS	男	6
11	GK	男	6.5
12	ZYY	女	7
13	GZF	女	7
14	WW	男	8
15	BSH	男	9
16	CZ	男	9
17	WY	女	10

---

① 陈向明：《质的研究方法与社会科学研究》，教育科学出版社2000年版，第107页。

续表

序号	代码	性别	从业年限（年）
18	LN	女	11
19	SLM	女	11
20	ZY	女	11
21	HXJ	男	12

表 3-5　　　　接受访谈的职能部门领导基本信息

序号	代码	性别	院校类别
1	HHY	女	985 院校
2	CCH	女	211 院校
3	YXB	女	211 院校
4	HJ	女	211 院校
5	ZLL	男	211 院校
6	JJ	女	普通本科院校
7	HSY	男	普通本科院校
8	ZY	男	高职高专院校
9	SJ	男	高职高专院校

3. 正式访谈的实施

访谈均采用面对面深度访谈的形式。考虑到本书会涉及辅导员对工作、对相关管理部门的观点和态度，以及个人的工作情况，在发出访谈要求时均详细征求其对访谈过程中录音的意见。对于乐于接受录音的访谈对象，与之签署《知情同意书》（见附录四）；对于不乐于接受录音的访谈对象，访谈中派出由两名访谈员组成的访谈组，由其中一人专门担任记录员。通过这样的方式，尽可能地与访谈对象建立信任关系，保证访谈的顺利开展和访谈材料的质量。

访谈中选取访谈对象较为熟悉、相对安静的环境进行。平均访谈时间为 60 分钟左右。

4. 访谈资料的整理

访谈结束后，由专人将全部录音资料和记录手稿转录成文字，研究者对转录的文字稿进行校对和初步筛选。最终形成 30 份原始访谈材料，共计 13 万字。

编码工作由接受过专门培训的编码员进行。一次编码前，根据访谈提纲梳理可能的登录点，编码员在对原始资料进行分析的过程中不断完善登录点，最终形成具有问题逻辑的编码表。最后，研究者对一次编码材料进行校对和二次确认，确定可以使用的编码材料，以备成文使用。

在资料分析和成文的过程中，采用情景分析和类属分析相结合的方法。案例分析的部分以情景分析为主，立足于研究对象的真实工作环境和职业发展状况，进行以研究对象为单位的情境性分析，然后对其胜任力水平等情况进行总结性分析。组织视角的分析部分以类属分析为主，通过横向的比较对资料进行系统的梳理，以胜任力的组织需要与匹配、组织支持与个人需要匹配、职业生涯发展状况等为主题，对这些主题进行强调和深入分析。旨在以情景和类属相结合的呈现形式，对高校辅导员的职业状态、与组织支持的互动、胜任力水平及表现特征进行全景分析。

三 其他研究方法

除包含了定量研究和质性研究的混合研究方法外，本书还涉及以下研究方法。

1. 文献分析法

在研究问题确定，理论研究框架设计，核心概念的提取和操作化定义，问卷设计，研究结果分析及政策建议提取时采用。

2. 政策文本分析法

问卷设计过程中，涉及工作职责与内容、职业发展政策等内容时采用该方法。所分析的政策内容涉及"保健因素"和"激励因素"两个方面，从中提取关键政策文本名称，纳入问卷具体问题。

3. 测验法

测验法是采用标准化的心理测验量表或精密的测验来测量被试对象有关的研究方法。在人力资源管理中，心理测验常被作为人员考核、选拔和岗位分配的一种工具。本书将霍晓丹开发的《高校辅导员胜任力测验》融入调查问卷之中，通过标准化的测验来了解北京高校辅导员的胜任力水平和胜任力特征。

第四章 首都高校辅导员的基本特征与职业发展

本书围绕首都高校辅导员展开，调查问卷和质性访谈的研究对象均从首都高校辅导员中抽样，所获取数据能够较有针对性地反映研究对象的整体情况。因此，本章基于《首都高校辅导员职业状况调查问卷》数据，对首都高校辅导员的队伍配备情况、工作现状、职业发展意愿，以及高校对辅导员职业发展的支持情况进行描述统计分析。这部分分析，旨在宏观呈现首都高校辅导员队伍的基本状况，同时强调了辅导员队伍的院校差异，为下文的胜任力研究打下了数据基础。

第一节 首都高校辅导员队伍配备情况

一 年龄及从业年限结构

年轻化是首都高校辅导员队伍的突出特点之一，也是能够侧面反映辅导员工作流失率高、专业化发展难等问题的表象。辅导员的年轻化不仅指个体的年龄小，更是指从业资历浅。

首先，从实际年龄上看，调查样本总体的平均年龄约为29岁，如果以本科生通常19岁入学来计算，辅导员平均仅比其最小的学生大10岁。由样本总体年龄分布的直方图（见图4-1）可以看出，分布最为集中的是23~30岁，其中24岁、25岁的样本量最大，分别为151人（占总体的13.3%）和115人（占总体的10.1%），30岁以下样本占比达70%；相反，30岁以上，尤其是35岁以上的辅导员样本数则大幅减少。

图4-2呈现了不同类别院校辅导员的年龄结构差异。由样本均值可以看出，院校选拔性越高，辅导员年龄均值则越低，年龄均值最高的高职高专院校（34.4岁）比最低的985院校（26.85岁）高出7.55岁。由分布情

况可以看出，985院校和211院校分布最为集中的均为23—25岁，普通本科和高职高专院校分布最为集中的为29—32岁；而211院校和普通本科院校辅导员年龄分布的集中趋势更为明显，其次为985院校，高职高专院校辅导员年龄分布则最为离散，反映了不同选拔性院校在辅导员年龄配备上的特点。

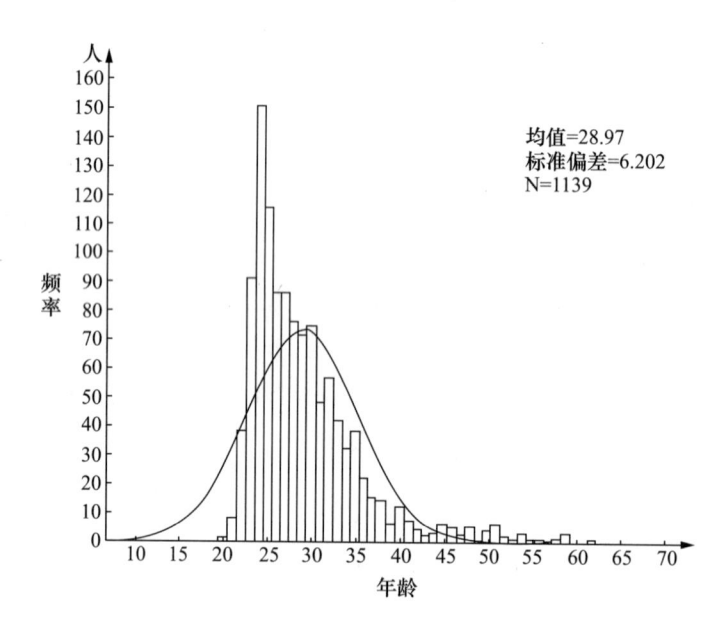

图4-1 样本总体的年龄结构

其次，辅导员从业年限的情况也能反映辅导员队伍的年轻化程度。根据前文的研究假设，分析中将从业4年以下定义为形成建立期，将从业4~8年定义为探索积累期，8年以上定义为维持生成期，这样就把辅导员的职业发展分为三个独立的阶段。由图4-3可知，样本总体60.4%处于形成建立期，30.7%处于探索积累期，仅8.9%处于维持生成期，也就是说，从事辅导员职业8年及以下的辅导员占辅导员总体的90%以上。此外，发展阶段分布的院校差异也呈现了与年龄结构类似的特点。选拔性越高的院校形成建立期辅导员的比例越高，而维持生成期的辅导员比例越低；985院校70.2%的辅导员从业不足四年，处于形成建立期，而普通本科院校和高职高专院校这一比例均不足50%。值得注意的是，普通本科院校处于探索积累期的辅导员比例为四类院校中最高，且与其形成建立期辅导员所占比例接近，体现出与其他三类院校不同的特点。

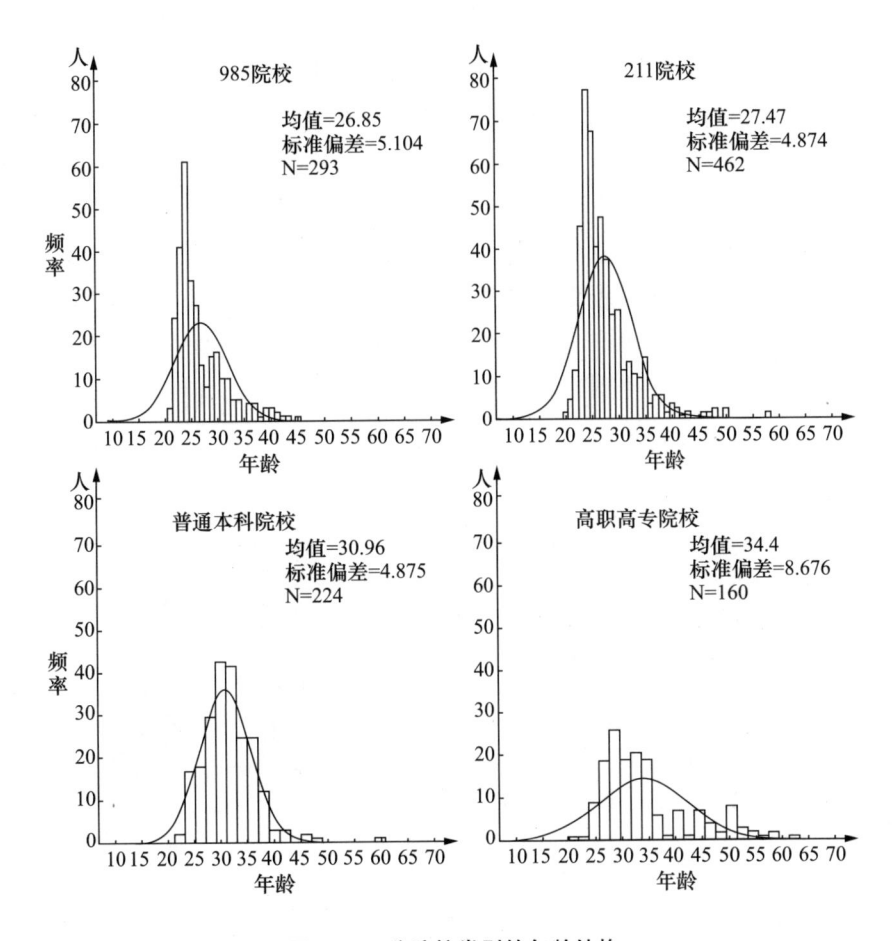

图 4-2 分院校类别的年龄结构

二 专业背景结构

辅导员由于其自身工作特点，需要具有广泛的通识知识储备。《高等学校辅导员职业能力标准》（教思政〔2014〕2号）中明确要求辅导员需要"具备宽广的知识储备，了解马克思主义理论、哲学、政治学、教育学、社会学、心理学、管理学、法学等学科的基本原理和基础知识"[1]，涉及法学、哲学、教育学、理学、管理学共5个学科门类。而从调查结果

---

[1] 教育部：《高等学校辅导员职业能力标准》，（教思政〔2014〕2号），http://www.gov.cn/xinwen/2014-04/14/content_2658616.htm，2014-04-14。

来看（见图4-4），辅导员的专业背景分布离散程度较高，抽样样本涉及除军事学以外的 12 个学科门类。其中，工学背景辅导员占比最高（26.7%），其次为职业标准中提到的目标专业管理学、法学、教育学和理学，分别占样本总体的 15.5%、14.1%、10.1% 和 9.0%，而哲学背景辅导员占比仅为 1.9%。重点关注总体占比最高的五个学科门类，即工学、管理学、法学、教育学、心理学的院校差异，985 院校和 211 院校的工学背景辅导员占比明显高于其他两类院校，211 院校和高职高专院校的管理学背景辅导员比例较高，普通本科院校这五类学科门类的分布最为平均。需要说明的是，由于在调查抽样中并没有以专业背景为抽样标准之一，这一结果很可能受到抽样院校学科特点的较大影响，但总体上还是能够说明一定的分布性特点。

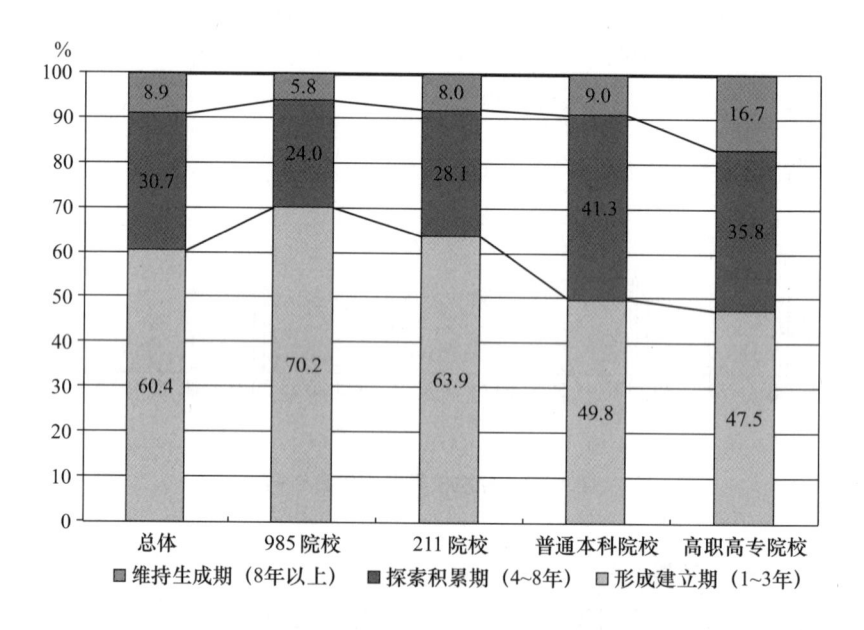

图4-3 高校辅导员发展阶段分布情况

三 职务职称结构

行政级别和专业技术职务的变化伴随着辅导员职业生涯的发展，也是衡量辅导员职业发展状况和队伍配备状况的重要指标。调查结果显示（见图4-5、图4-6），目前的辅导员队伍以科级以下职务和初级及以下职称群体为主，分别占样本总数的 72.7% 和 66.6%。一方面，这与辅导员年龄和职业发展阶段的特点相吻合，体现了队伍年轻化的不同侧面；另一方面，也能够反映辅导员职业发展的困境之一，即行政级别和专业技术职务晋升的难度较大，职业发展前景不明，容易导致流失。

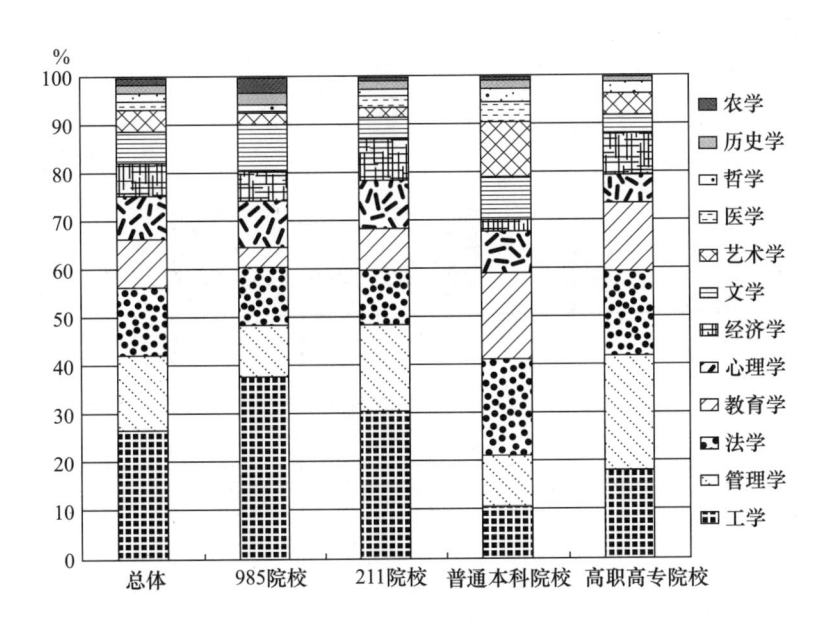

图 4-4　高校辅导员专业背景分布情况

院校差异上，普通本科院校特点鲜明，主要表现在科级以下辅导员和初级及以下职称辅导员比例明显低于其他三类院校，而科级辅导员和中级职称辅导员比例明显高于其他三类院校。这很可能与抽样院校的辅导员职务职称晋升制度、辅导员队伍配备、管理情况，以及此类院校师生特点均有一定的关系。从985院校和211院校的对比来看，211院校科级以下占比高于985院校，一定程度上说明行政职务的提升空间有限；而985院校初级及以下职称的占比高于211院校且为四类院校中最高，这应与985院校"2+2"或"2+3"类型辅导员比例更高，且这类辅导员一般不涉及初级以上专业技术职务的评定有关。

四　师生比情况

师生比不仅能够直观地反映辅导员队伍配置的充裕情况，也能够体现辅导员的工作量情况。教育部发布的《普通高等学校辅导员队伍建设规定》要求高校总体上按照师生比不低于1∶200设置一线专职辅导员岗位，

·58· "敬业"还是"专业"

《关于加强北京高校辅导员队伍建设的实施意见》也要求辅导员岗位设置要总体上达到1:200。图4-7呈现了调查样本的师生比情况。样本总体师生比为1:179，达到了1:200的要求。院校差异较大，985院校和211院校略高于1:200的要求，师生比分别为1:195和1:186；高职高专院校师生比远高于标准，为1:56，辅导员岗位的配备最为充裕；普通本科院校则为四类中唯一没有达到标准的类型，师生比仅为1:233。

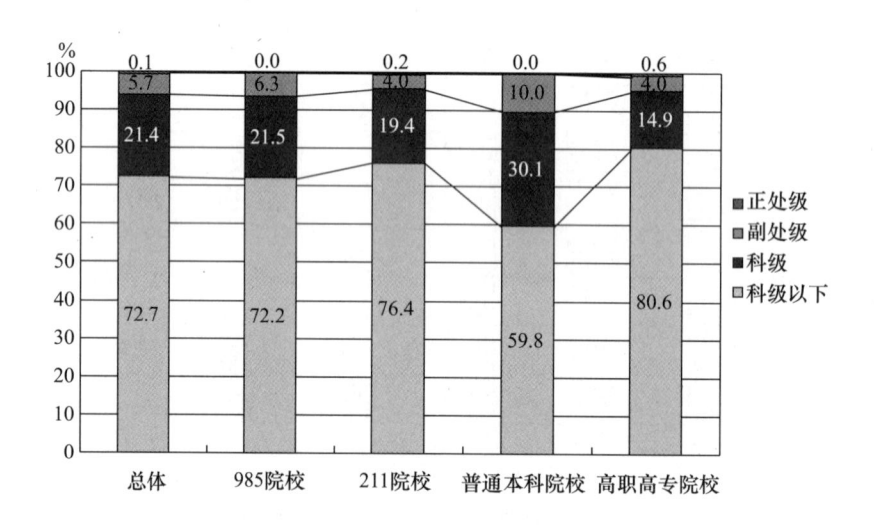

图4-5 高校辅导员行政职务分布情况

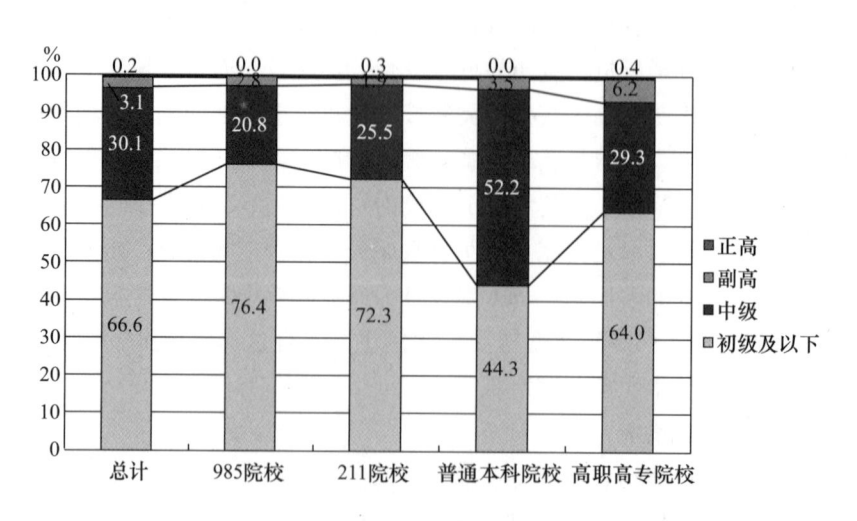

图4-6 高校辅导员专业技术职务分布情况

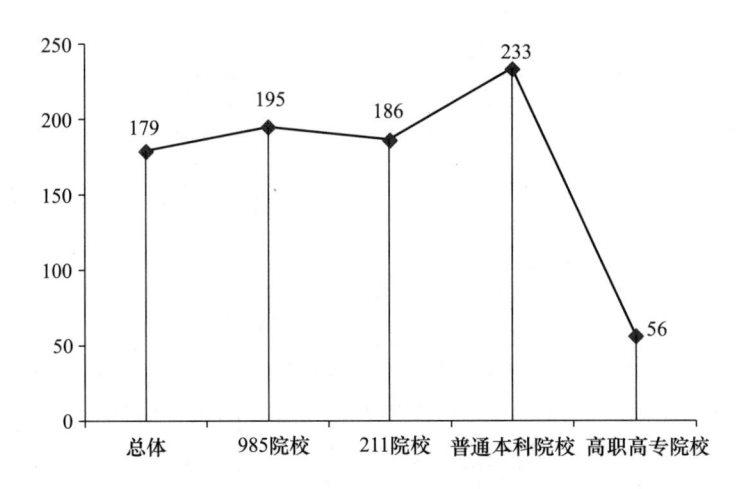

图 4-7　高校辅导员师生比情况

第二节　首都高校辅导员工作现状及职业发展意愿

一　职业动机

为什么当辅导员？这可能是辅导员常常自我反省，也经常被他人问及的问题。现以人职匹配、个人价值实现和工作环境认同为内部动机指标，以社会地位、职业稳定性、福利待遇、职业发展空间为外部动机指标，数据显示（见表4-1），高校辅导员的内部动机各项指标得分均值普遍高于外部动机，总体的内部动机均值为2.51（最小值为1，最大值为4，数值越大重要性越高），是外部动机均值的近2倍。由此可见，辅导员是内部动机导向非常明显的职业。

表 4-1　　　　高校辅导员职业动机基本描述统计

职业动机		均值	标准差	极小值	极大值
内部动机	职业特点与个人知识能力特质匹配度高	2.49	1.231	1	4
	个人价值能得以实现	2.33	1.17	1	4
	喜爱高校工作环境	2.71	1.155	1	4

续表

	职业动机	均值	标准差	极小值	极大值
外部动机	社会地位较高	1.12	0.449	1	4
	职业稳定性强	1.63	0.946	1	4
	福利待遇好	1.07	0.367	1	4
	职业发展环境好、空间大	1.22	0.599	1	4

职业特征的院校差异也呈现出一定的趋势（见图4-8），主要表现在院校选拔性越高则内部动机导向性越大，而外部动机导向性越小。这说明不同选拔性高校的辅导员在进行职业选择时对辅导员职业的期待有所差异，高选拔性院校辅导员更期望能够"建功立业"，而低选拔性院校辅导员则更期望能够有"实际收益"。同时，也说明高校组织自身所欠缺的部分可能需要更多的政策支持来弥补，这一点还需要在下文的影响因素研究中进一步验证。

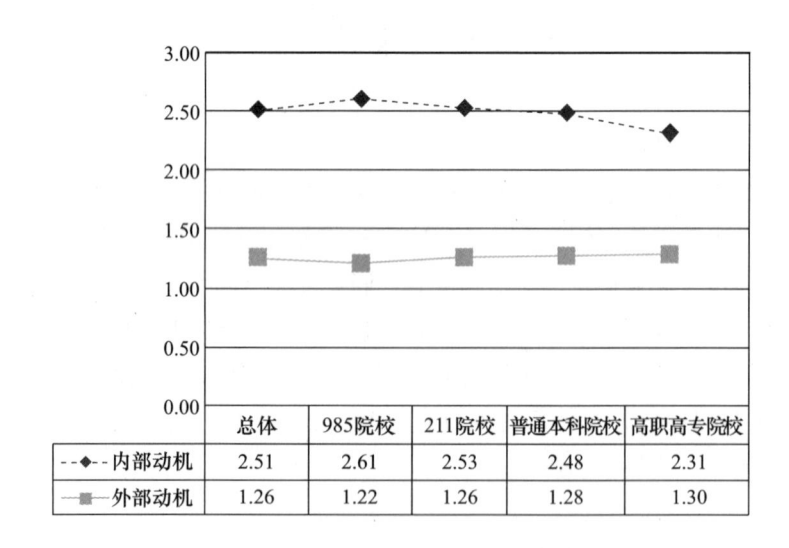

	总体	985院校	211院校	普通本科院校	高职高专院校
内部动机	2.51	2.61	2.53	2.48	2.31
外部动机	1.26	1.22	1.26	1.28	1.30

图4-8 高校辅导员职业动机总体情况及院校差异

二 职责认同与投入

为了解高校辅导员工作职责和内容的具体情况，调查问卷中根据辅导员工作实际情况和专家访谈建议，总结了20项北京高校较为普遍认同的辅导员工作职责与内容,并从辅导员认同和投入两个维度进行了1~4分的测量。分别对职责认同和职责投入测量结果进行因子分析,均得到较为理想的两个因子,即管理服务职责和教育培养职责。将两次因子分析的得分保存为变量,从而进行接下来的对比分析。

图4-9聚焦了高校辅导员职责认同与投入的院校差异。①管理服务职责上,认同程度由高到低依次为:211院校、985院校、普通本科院校、高职高专院校;投入程度由高到低依次为:211院校、普通本科院校、985院校和高职高专院校。211院校辅导员对于该职责属于高认同高投入,高职高专院校呈现低认同、投入更低的特点,985院校高认同、低投入,而普通本科院校则低认同、高投入。②教育培养职责上,认同度由高到低依次是:普通本科院校、211院校、985院校、高职高专院校;投入程度由高到低是:高职高专院校、普通本科院校、211院校和985院校。高职高专院校辅导员对于教育培养职责认同度很低而投入度最高,985院校则是认同度低且投入度低。

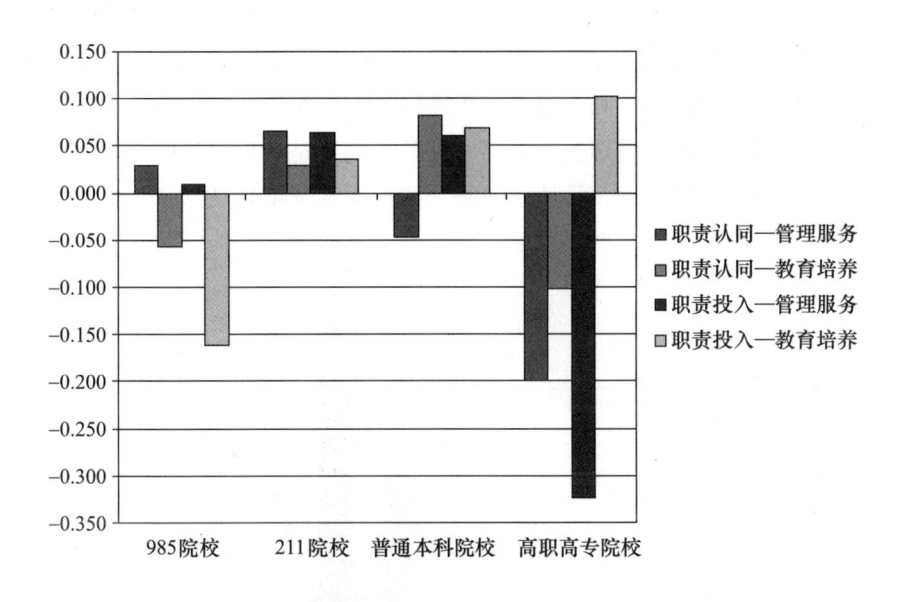

图4-9 高校辅导员职责认同与投入情况对比及院校差异

综合两个因子维度情况可以看出,985院校辅导员对管理服务职责相对来说更为认同,并且在两个职责的投入上都出现了不同程度的"缩水",教育培养职责投入的"缩水"最为严重。这一方面能体现出985院校辅导员更多地承担着管理服务的职责,也反映出此类院校辅导员工作中可能存在"眼高手低"现象。211院校辅导员的职责平衡性最好,两类职责中对管理服务的认同和投入都高于教育培养,并且投入程度与认同程度持平或略高于认同水平。普通本科院校辅导员在教育培养上的认同和投入程度都更高,管理服务上的低认同、高投入反映出此类院校辅导员很可能被外界"强加"了此类职责。高职高专院校辅导员对两类职责的认同度都是最低水平,且对管理服务职责的认同度更低;但在实际工作中,此类院校辅导员更多地投入于学生的教育培养,管理服务的投入却非常低。这反映出高职高专院校辅导员对自己的职责定位与高校的工作要求不匹配,生源质量、工作资源配置和管理制度情况很可能导致辅导员需要把大量的精力都投入对学生的思想引导和学风培养中,在规范化管理和专业化服务上没有切实发挥出应有的作用。

考虑到不同从业年限和发展阶段的辅导员对于工作的理解认识、工作经验的积累以及投入程度也会有所不同,图4-10呈现了三个发展阶段辅导员的职责认同与投入情况。从职责的认同情况看,随着职业生涯的发展,辅导员对管理服务和教育培养职责的认同程度先在探索积累期有一定的下降,又在维持生成期有了大幅的提升,尤其是管理服务职责。在职责投入上,发展阶段越高,管理服务职责的投入水平则越高。

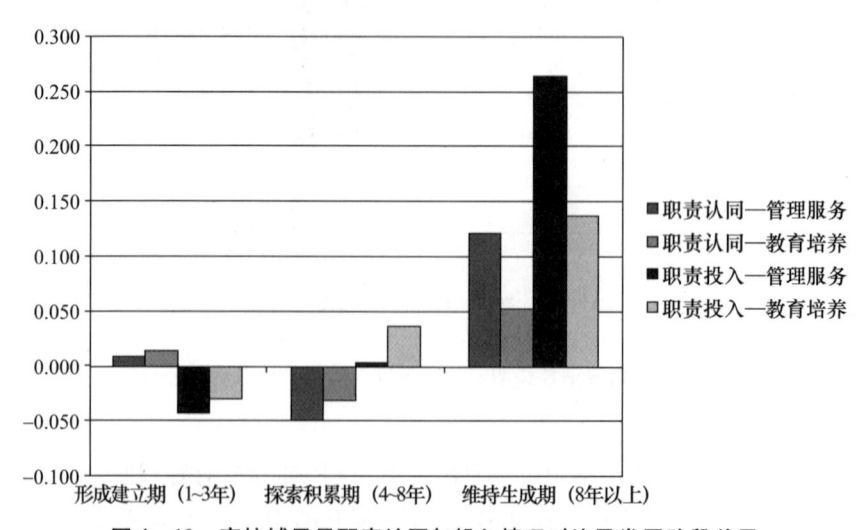

图4-10 高校辅导员职责认同与投入情况对比及发展阶段差异

第四章 首都高校辅导员的基本特征与职业发展 ·63·

综合来看，不同发展阶段辅导员对工作职责的认同和实际投入存在一定的错位，主要表现在：在形成建立期属于投入度不及认同度，说明该阶段辅导员对工作职责有了初步的认识，但在实际投入上很可能存在"力不从心"的情况；探索积累期和维持生成期都属于投入度高于认同度，说明这一阶段辅导员更加能够依据工作的实际需要而做出行为的调整。探索积累期辅导员的教育培养职责认同投入度高于管理服务职责，说明实际工作中要求他们承担更多的教育培养职责。维持生成期辅导员则恰恰相反，他们在管理服务职责上的高认同和高投入，也能够说明从业年限的增加对辅导员在发挥科学化管理和专业化服务的功能上提出了更高的要求。

三 工作时间投入

在分析了辅导员在两大工作职责上的投入情况之后，这一部分将进一步分析辅导员在具体工作内容上的时间投入结构及差异。从总体情况看，样本辅导员平均每周工作58.2小时，平均每个工作日工作11.6小时；其中，时间投入最多的是学生日常管理和学生事务（19.70小时/周），其次是其他行政事务（8.39小时/周），其余依次是学生教育（6.61小时/周）、学生咨询服务（6.45小时/周）、开展深度辅导（5.81小时/周）、

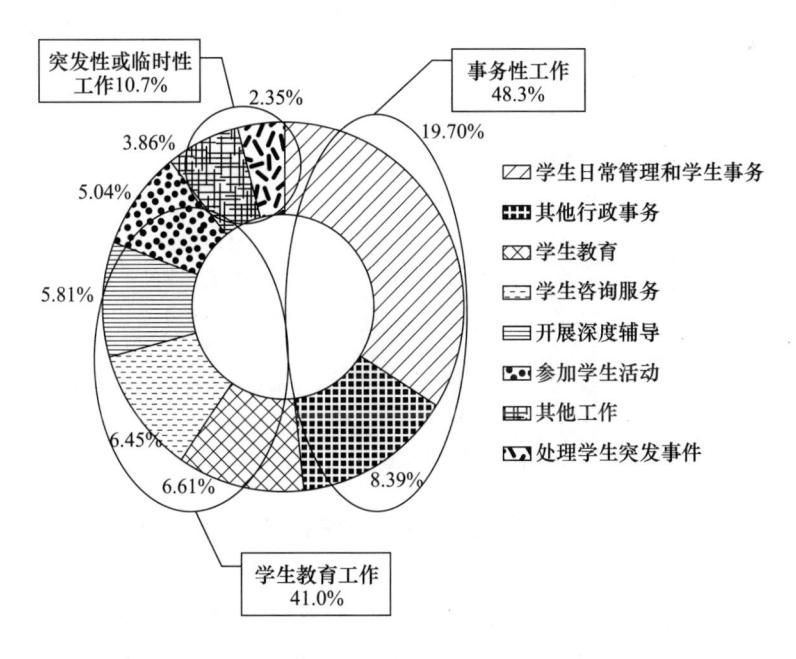

图4-11 高校辅导员工作时间投入结构

参加学生活动（5.04 小时/周），其他工作和处理学生突发事件均不足 4 小时/周。结构上，还是以事务性工作投入为主，约占总工作时间投入的 48.3%，与学生的教育辅导相关的工作约占 41.0%，其余 10.7% 为突发性或临时性工作。

图 4-12 呈现了高校辅导员工作时间投入的院校差异。总体上，普通本科院校周总工作时间最长（60.2 小时），反映了师生比最低且未达标对工作量的影响；其次为 211 院校（59.2 小时）和高职高专院校（57.5 小时），985 院校辅导员的周总工作时间最短（55.6 小时），很有可能是生源质量、院校环境差异在辅导员工作上的反映。分布结构上，高职高专院校辅导员在学生日常管理和学生事务上的时间投入最高，211 院校和普通本科院校辅导员投入其他行政事务的时间最长，985 院校辅导员在事务性工作上投入的时间最少；211 院校辅导员在学生咨询服务和开展深度辅导上的投入较高，而普通本科院校辅导员在学生教育和参加学生活动上较高；高职高专院校辅导员在四类院校中是投入突发性工作最多的，投入学生咨询辅导等教育培养方面的工作是最少的。

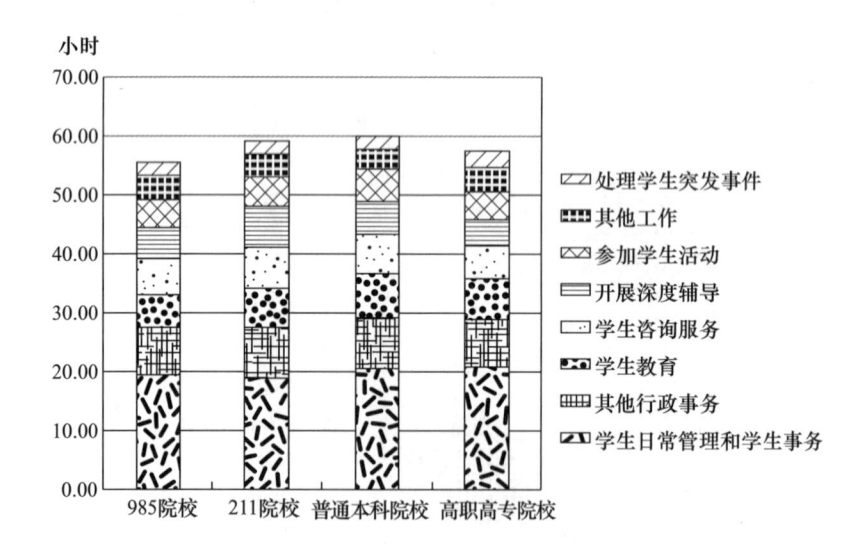

图 4-12 高校辅导员工作时间投入院校差异

图 4-13 呈现了辅导员工作时间投入的发展阶段差异。体量上，探索积累期辅导员的周工作时间投入总量最大（60.6 小时），形成建立期辅导

员的周工作时间投入总量最小（57.0小时）。结构上，形成建立期辅导员比其他阶段辅导员在学生活动和其他工作上的时间投入要多，而在学生教育、学生咨询服务上的投入要少；探索积累期的辅导员则在其他行政事务、学生教育、开展深度辅导和处理学生突发事件上投入的时间多于其他两阶段辅导员，体现了其辅导员主力军作用；维持生成期辅导员则仍投入学生管理事务的时间最多，在学生咨询服务上投入的时间也高于其他类辅导员。

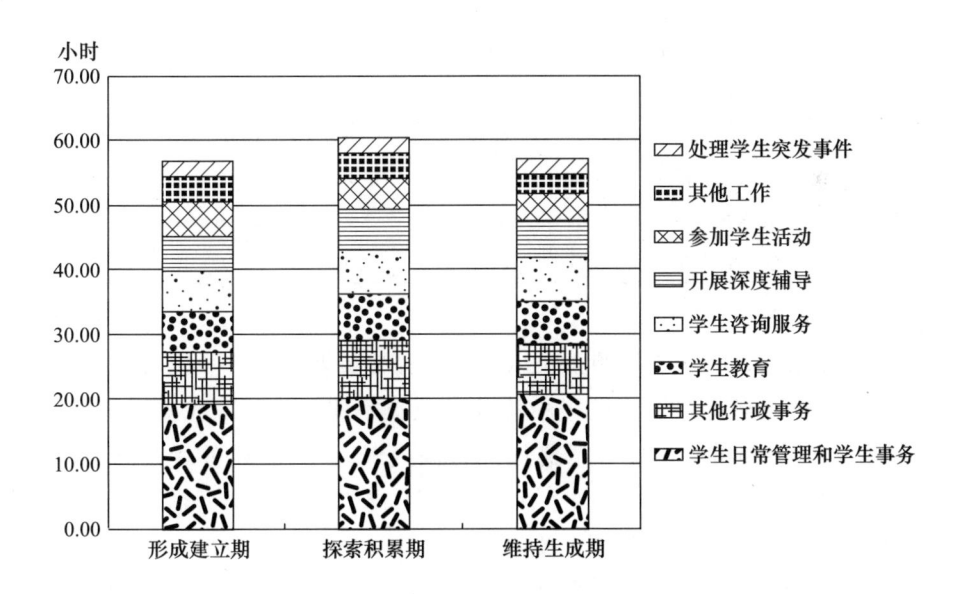

图4-13 高校辅导员工作时间投入结构发展阶段差异

考虑到工作时间的分配与不同岗位类型辅导员的工作内容有较大关系，而研究生辅导员与其他类型辅导员的工作内容差异较大，我们也进行了剔除研究生辅导员样本后的工作时间分析，确实发现上述差异均有所减小，说明工作时间的投入结构与特定类型的辅导员的工作内容紧密相关。因此，基本的时间投入水平情况和总体类型分布更具有参考价值。

四 职业发展意愿

随着工作时间的增长，职业发展也需要平台与方向。辅导员虽然目前还没有统一的职业发展路径，但学历提升和职务晋升是较为普遍的两种渠道。调查中统计了高校辅导员在以上两方面的个人主观意愿，并将硕士及以下学历样本的学历提升意愿和总体样本的职务晋升意愿结果整理如表4-2所示。

表4-2　　　　　　　问卷调查有效样本基本情况统计　　　　　　单位:%

		学历提升意愿		职务晋升意愿	
		是	否	是	否
总体		89.6	10.4	83.5	16.5
院校选拔性	985院校	96.0	4.0	78.3	21.7
	211院校	87.4	12.6	83.0	17.0
	普通本科院校	91.3	8.7	91.9	8.1
	高职高专院校	82.6	17.4	82.1	17.9
发展阶段	形成建立期（1—3年）	92.0	8.0	79.2	20.8
	探索积累期（4—8年）	86.1	13.9	91.2	8.8
	维持生成期（8年以上）	82.7	17.3	87.4	12.6

总体来看，89.6%的硕士及以下学历辅导员期望进一步提升学历水平，83.5%的辅导员期望进一步晋升专业技术职务。从院校差异上看，985院校辅导员的学历提升意愿比例最高（96.0%），职务晋升意愿比例最低（78.3%），同样反映了在"2+2"或"2+3"类型辅导员占比较高的情况下，辅导员队伍更关注于个人的学历水平提升而非职务职称提升；211院校和高职高专院校辅导员的两意愿比例均在80%~90%，且学历提升意愿比略高于职务晋升意愿比；普通本科院校辅导员的职务晋升意愿比例最高（91.9%），并略高于学历提升意愿。从发展阶段差异上看，随着发展阶段的提升，有学历提升意愿的辅导员比例逐渐减少，而探索积累期辅导员对于职务晋升的意愿比高于其他两阶段的辅导员。

第三节　高校对辅导员的职业发展支持现状

本章前两节主要分析了高校辅导员个体、工作与职业发展状况及院校和发展阶段的差异，旨在对辅导员队伍的现实状况进行分析呈现。这一节将聚焦辅导员与高校组织的互动关系,即对辅导员感知到的院校给予的各方面支持情况进行分析。

一 政策支持

高校对辅导员的政策支持有多种具体形式,问卷中,如答题辅导员感知到该项支持则为1,没有感知到则为0。通过初步的降维分析和调整,将高校对辅导员的政策支持归为职务职称支持、培训进修支持和协会组织支持三大类。从各项目的得分均值可以看出(见表4-3),培训进修支持的感知度均高于其他两类;职务职称支持中,向辅导员倾斜的力度最小,而与专业教师同等待遇力度最大;协会组织中,辅导员自治组织活动得到的支持要远大于专业协会。

表4-3 高校对辅导员政策支持情况的基本描述统计

类别	具体形式	均值	标准差	极小值	极大值
职务职称	职务晋升倾斜	0.134	0.340	0	1
	享受与教师同等待遇	0.389	0.488	0	1
	专业技术职务评审单列	0.312	0.464	0	1
培训进修	提供相关执业资格证的培训	0.450	0.498	0	1
	报销部分培训进修费用	0.435	0.496	0	1
	保证培训进修学习时间	0.490	0.500	0	1
协会组织	支持辅导员自治组织的活动	0.342	0.475	0	1
	成立校内辅导员专业协会	0.109	0.312	0	1

图4-14和图4-15呈现了高校对辅导员政策支持的院校差异及发展阶段差异。支持程度上,各类院校和各阶段辅导员得到的培训进修支持得分最高,且远高于其他两类支持。具体差异上,普通本科院校辅导员得到的职务职称支持(0.354)和培训进修支持(0.560)程度均是四类院校中最高的,211院校辅导员得到的协会组织支持(0.264)程度最高,而985院校辅导员得到的职务职称支持(0.221)程度为四类中最低,高职高专院校辅导员得到的培训进修支持(0.381)和协会组织支持(0.187)均远低于其他三类院校。发展阶段差异上,形成建立期辅导员获得的职务职称支持(0.242)程度最低而协会组织支持(0.249)程度最高,探索积累期辅导员获得的职务职称支持(0.345)和培训进修支持(0.510)

·68· "敬业"还是"专业"

均为三类中最高，而维持生成期辅导员所获得的培训进修支持（0.436）和协会组织支持（0.146）均为三类中最低。

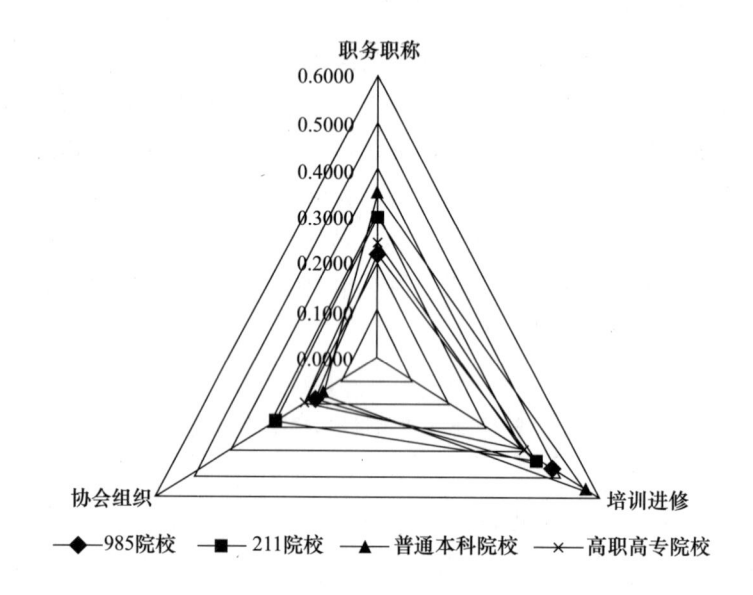

图4-14 辅导员政策支持的院校差异

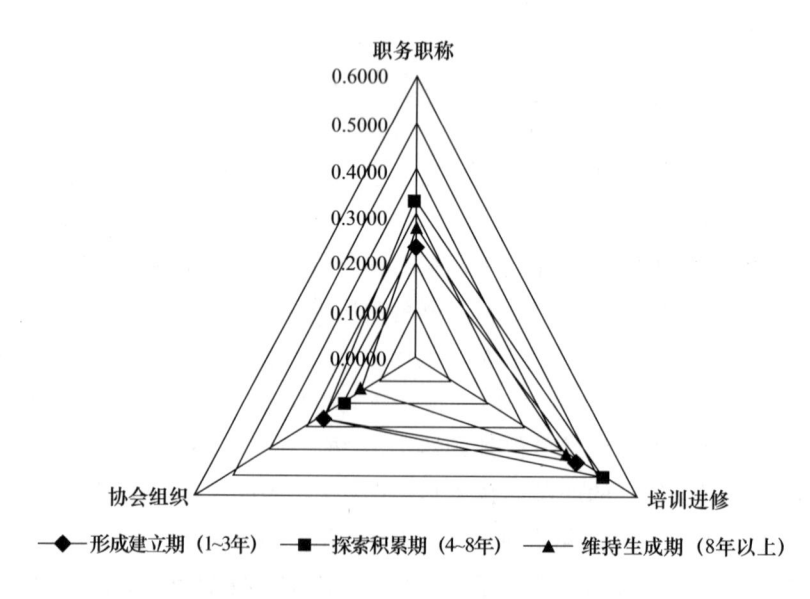

图4-15 辅导员政策支持的发展阶段差异

二 培训进修

根据前文分析，辅导员获得的培训进修支持程度是各类政策支持中最高的，本部分将进一步分析辅导员实际得到培训进修机会的程度如何，具体形式有哪些。

首先，辅导员获得培训进修机会的程度上，样本总体有76.6%的辅导员获得过培训进修机会，平均每年1.56次。普通本科院校辅导员得到培训进修机会的比例（91.0%）和频率（1.84次/年）均大幅高于其他四类院校，985院校和211院校水平基本持平且前者略高于后者，高职高专院校辅导员获得培训进修机会的比例（62.2%）远低于其他院校，但频率（1.64次/年）居第二位。发展阶段越高则获得培训进修机会的比例越高而频率越低，说明了资历越老的辅导员得到培训进修支持力度越弱（见表4-4）。

表4-4　高校辅导员获得培训进修机会的比例与频率情况统计

		获得培训进修比例（%）		获得培训进修频率
		是	否	（次/年）
总体		76.6	23.4	1.56
院校选拔性	985院校	76.1	23.9	1.54
	211院校	74.9	25.1	1.41
	普通本科院校	91.0	9.0	1.84
	高职高专院校	62.2	37.8	1.64
发展阶段	形成建立期（1~3年）	68.9	31.1	1.80
	探索积累期（4~8年）	87.3	12.7	1.26
	维持生成期（8年以上）	93.1	6.9	1.20

其次，辅导员获得培训进修机会的具体形式上，最为普遍的是各类专业化培训，90%获得过培训进修机会的辅导员都有过参加专业化培训的经历；接下来的形式依次为：考察学习、学历进修、出国交流、挂职锻炼和脱产学习（见图4-16）。

三 环境支持

基于调查问卷数据，对辅导员得到的环境支持相关题项进行因子分析，成功提取出两个公因子，并根据子题项内容将公因子分别命名为物质

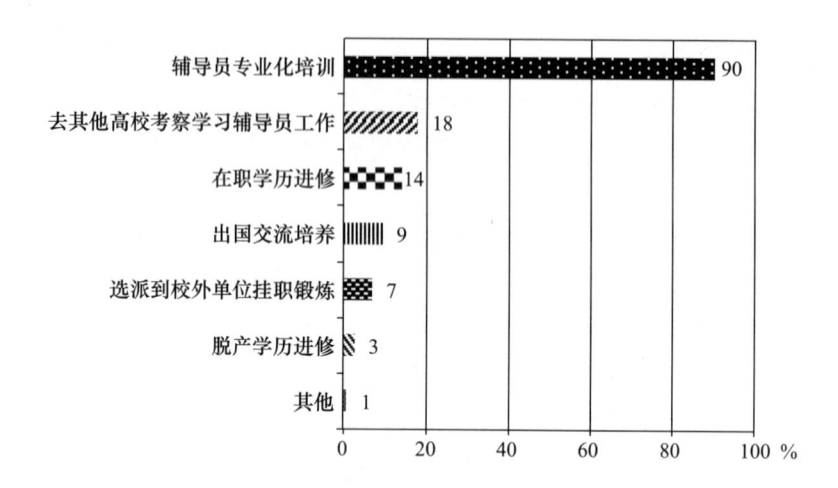

图 4-16 高校辅导员培训形式分布情况

培训形式	百分比(%)
辅导员专业化培训	90
去其他高校考察学习辅导员工作	18
在职学历进修	14
出国交流培养	9
选派到校外单位挂职锻炼	7
脱产学历进修	3
其他	1

支持和情感支持。因子分析 KMO 检测结果为 0.911，Bartlett 球形检验显著；两个因子对解释方差变异的贡献率分别为 32.7% 和 24.5%，对总体方差的解释力达 57.1%；各个变量旋转后的因子载荷均在 0.5~0.9；各题项的总体信度达 0.903，两个因子的信度分别为 0.835 和 0.902，因子分析结果可信度较高。具体结果如表 4-5 所示。

表 4-5 高校对辅导员环境支持的因子分析

因子	因素	F1	F2	信度
物质支持	福利分配	0.868	0.168	0.835
	薪酬待遇	0.856	0.157	
	住房条件	0.726	0.132	
	医疗条件	0.685	0.159	
	办公环境和设备设施	0.574	0.313	
	上下班交通便利性	0.532	0.259	
情感支持	师生关系	0.079	0.793	0.902
	其他辅导员的支持和帮助	0.088	0.768	
	家长的信任和支持	0.160	0.756	
	与其他行政人员的关系	0.201	0.745	
	院系（教学单位）领导对辅导员工作的支持和帮助	0.269	0.738	
	学校/学院对学生工作的重视程度	0.294	0.712	

第四章 首都高校辅导员的基本特征与职业发展 ·71·

续表

因子	因素	F1	F2	信度
情感支持	与专业教师及任课教师有关学生管理和发展问题的沟通	0.227	0.687	0.902
	所在单位辅导员寻求工作创新和职业发展的氛围	0.443	0.624	
	学生质量和综合素质	0.300	0.616	
因子贡献率		32.7%	24.5%	0.903

注：因子提取方法：主成分法；旋转方法：最大方差法。

将以上因子分析结果保存成因子得分变量，以进行院校和发展阶段的差异分析（见图4-17和图4-18）。结果显示，院校选拔性越低，对辅导员的物质支持和情感支持越低，且高职高专院校辅导员得到的支持水平远低于其他类别院校；发展阶段越高，得到的物质支持和情感支持也越低且依次递减。该结果合理呈现了不同院校的辅导员所感知到的组织环境差异，也体现了随着工作年限增长感知到环境支持渐弱的趋势。

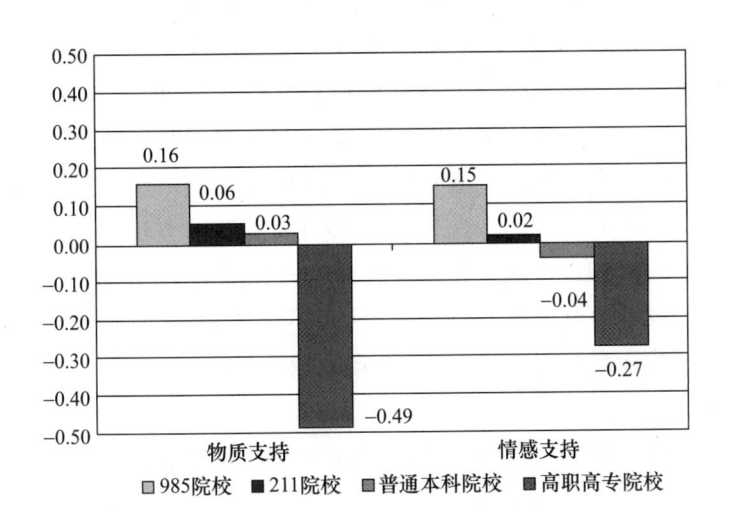

图4-17 高校对辅导员环境支持的院校差异

四 组织激励

除物质环境和待遇之外，院校与辅导员互动的另一种方式就是组织激励，而对于辅导员来说最为直接的组织激励方式就是思想政治教育工作相关奖励。分析结果显示（见图4-19），样本总体39.6%的辅导员获得过

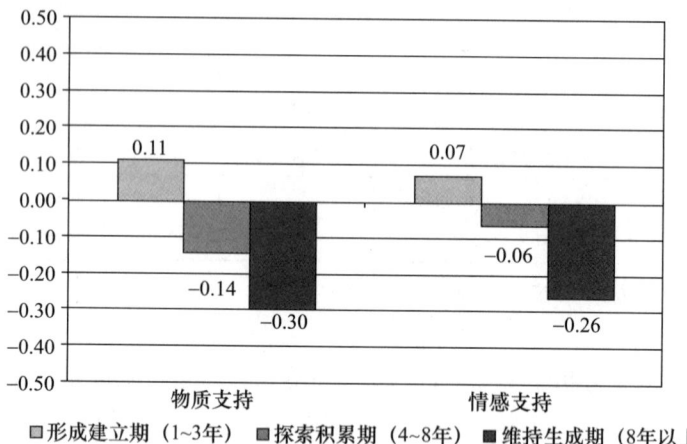

·72· "敬业"还是"专业"

图 4-18 高校对辅导员环境支持的发展阶段差异

相关奖励，获奖级别以校级奖励为主（61.5%），获地市级和省部级奖励的比例均为18%，仅有2.4%的辅导员获得过国家级奖励。从院校差异来看（见表4-6），普通本科院校辅导员总体上获得奖励的比例最高（43.4%），并且获地市级（30.5%）和省部级（24.2%）奖励的比例均为四类院校中最高；985院校和211院校辅导员总体获奖比例均在40%左右，并且以校级奖励为主（近70%）；985院校辅导员获国家级奖励的比例最高（3.5%）；高职高专院校仅有29.1%的辅导员获得过奖励，奖励级别集中于校级和地市级，获更高级奖励占比不足7%。在组织激励上，普通本科院校辅导员呈现了一定的优势，不仅总体获奖比例高，而且获奖级别相对平均；高职高专院校的差距则比较明显。

表 4-6　　高校辅导员获得思想政治教育工作奖励的院校差异　　单位:%

院校选拔性	获得工作奖励		最高获奖级别			
	是	否	校级	地市级	省部级	国家级
985院校	38.8	61.2	68.4	12.3	15.8	3.5
211院校	41.8	58.2	65.5	12.9	19.1	2.6
普通本科院校	43.4	56.6	43.2	30.5	24.2	2.1
高职高专院校	29.1	70.9	65.2	28.3	6.5	0.0

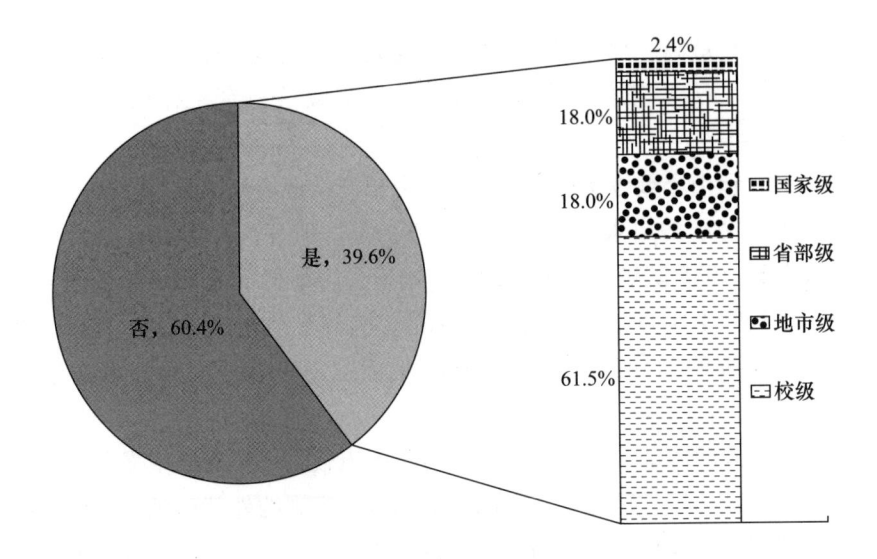

图 4-19　高校辅导员获得思想政治教育工作奖励情况

第四节　本章小结

本章通过对辅导员相关情况的全面描述统计，呈现了目前首都高校辅导员队伍基本情况及职业发展现状，主要归结为以下几方面结论。

第一，年轻化特点凸显，职务职称结构不尽合理。样本平均年龄在29岁左右，约60%的辅导员从业时间不足四年，处于形成建立期，其中985、211等选拔性越高的院校，队伍的年龄构成越年轻。队伍的年轻化同样在职务职称构成上有一定的反映，调查结果显示，当前辅导员队伍以科级以下职务群体和初级及以下职称群体为主，70%辅导员的职务为科级以下，近70%为初级或没有评定职称，整体职务职称处于较低水平，当然这除与从业年限较短辅导员、"2+2"辅导员等群体人数较多有关之外，还在一定程度上反映了辅导员在职务职称晋升上的发展困境。在上述队伍结构方面，不同选拔性院校也表现出不同的特点，其中普通本科院校在年龄分布和职务职称构成上相较其他三类院校更为合理。

第二，队伍专业背景多样化，职业知识基础不均。从调查结果来看，样本辅导员涉及12个学科门类，覆盖了除军事学以外的全部学科门类，其中工学占比最高。部分辅导员并不直接具备职业能力标准中要求的教育学、管理学、法学等学科专业背景，其思想政治教育工作的知识基础薄弱。

第三，师生比整体达标，院校差异突出。从调查结果来看，样本师生比略高于1∶200的要求，整体达到国家标准。但分院校类型来看，仍存在较大差异，985院校和211院校总体接近，均略高于1∶200的标准；高职高专院校师生比为1∶56，远高于标准，辅导员队伍人数最为充裕；而普通本科院校的辅导员配备比例则低于标准，为唯一没有达标的院校类型。

第四，倾向内部动机导向，工作时间投入较大，发展愿望强烈。辅导员的职业选择动机可区分为主观的内部动机和客观的外部动机，从调查结果来看，首都高校辅导员的内部动机得分普遍高于外部动机，可见辅导员为更偏向于内部动机导向型的职业，其中选拔性越高的院校，其辅导员职业选择的内部动机导向越明显。首都高校辅导员总体工作时间投入较多，其中事务性工作居首，教育辅导工作次之。从发展阶段来看，探索积累期的辅导员在很多事务性、学生教育、深度辅导等工作方面的时间投入均超过了其他两个阶段，这与该发展阶段的辅导员多兼任院系学生工作办公室主任、分团委书记等职务，多为基层教学单位学生工作的中坚力量有一定关联。大多数辅导员均有较强的发展意愿，985院校辅导员因年龄结构较轻，更倾向于学历提升，探索积累期的辅导员因需要更高的平台施展才能，职务晋升意愿相比其他两个阶段更强烈。

第五，总体职责构成区分明显，职责认同与投入存在差异。从辅导员三个发展阶段综合来看，形成建立期的辅导员职责认同和投入水平较低，个人学历晋升的意愿较强，对组织环境的支持感知度较高；探索积累期辅导员在职责的认同上出现了低谷期，但投入较形成建立期辅导员有了一定的提升，职务晋升意愿很强，但对组织环境支持的感知度降低；维持生成期的辅导员依然承担较大程度的管理服务职责，反而在职责的认同和投入上都有较大幅度的增加，从侧面说明学生事务管理的复杂性有所提升，而该阶段辅导员得到的政策支持力度大幅减弱，对组织环境支持的感知度进一步降低。

第六，政策支持效度不一，培训进修最为突出。首都高校辅导员接受到的组织的政策支持主要来源于职务职称、培训进修和协会组织等方面。

调查结果显示，辅导员感知到的各类政策支持程度不一，其中培训进修感知最为明显，近八成辅导员获得过培训进修机会，普通本科院校辅导员的培训进修支持力度最大，其中专业化培训是其最为频繁的支持形式。此外，职务职称、协会组织也对部分类型院校和发展阶段辅导员具有一定的支持效度。

第七，环境支持、组织激励感知差异明显。首都高校辅导员感受到的组织的环境支持可分为物质支持和情感支持，调查显示，二者在辅导员感知上存在比较明显的院校类型和发展阶段差异。综合看来，选拔性越高的院校辅导员感知到的环境支持越好；随着从业年限和发展阶段的增长，辅导员对物质支持和情感支持的感知度就越低，也反映出组织环境支持的力度与辅导员的实际需求存在一定的差距。组织激励的方式主要为思想政治教育工作方面的相关奖励，从调查结果来看，近四成辅导员获得过相关奖励，但获奖级别以校级为主，高级别奖励不多；院校差异上，普通本科院校辅导员获奖比例较高，获奖级别相对平均，而高职高专院校辅导员获奖情况则相对较差。

第五章　高校辅导员胜任力特征分析

本章基于《首都高校辅导员职业状况调查问卷》中的高校辅导员胜任力测验结果数据，对高校辅导员的胜任力结构进行分析和验证，并对高校辅导员胜任力的院校差异、岗位类型差异和发展阶段差异进行分析，旨在全面呈现本书核心因变量——高校辅导员胜任力的有效特征。

第一节　高校辅导员胜任力结构分析

一　因子分析及胜任力维度

本书的胜任力数据采集使用了霍晓丹于2013年公开发表的《高校辅导员胜任力测验》。该测验基于全国高校辅导员抽取样本的调查数据和大量质性访谈资料分析，测验量表编制过程规范，紧密围绕高校辅导员这一研究对象；同时，量表共计50题，采用5分制计分方式，便于推广使用。综合来看，该测验比较适合作为本书因变量数据的测量工具。

在对测验结果的分析中，首先考虑了本书与原测验研究的两点差异。一方面，该量表编制于2011年，在此期间高校辅导员的工作情况和岗位要求发生了一些变化；另一方面，本书的调查对象聚焦于首都高校辅导员群体，调查样本在特征上也与原研究存在一定的差异。因此，胜任力分析时通过探索性因子分析，根据各题项的因子贡献率并结合题项的实践意义，对题项进行了有效删减，确定了比较适合进入模型的29个题项，最终成功提取出4个公因子。因子分析KMO检测结果为0.978，Bartlett球形检验显著；四个因子对解释方差变异的贡献率分别为22.4%、16.4%、12.9%和10.5%，对总体方差的解释力达62.2%；各个变量旋转后的因子载荷均在0.48~0.75；各题项的总体信度达0.963，四个因子的信度分别为0.932、0.910、0.864和0.830，均说明因子分析结果解释力较强，可信度较高。

根据因子所含题项的意义,本书对因子命名如下:因子1(F1)所含题项描绘了辅导员公正、宽容、理性的价值取向,以及做事坚持原则、实事求是的工作态度,可命名为道德理性因子;因子2(F2)所含题项描绘了辅导员发现问题、研判问题、解决问题的能力,展现了其工作计划、组织、协调、决策、创新的一面,可命名为灵活决策因子;因子3(F3)所含题项描绘了辅导员对学生的包容心、关爱心,对学生成长发展的关注、指导和影响,可命名为关心学生因子;因子4(F4)所含题项描绘了辅导员对工作的真诚和正直态度,自我主动适应和调整的能力,以及有效的、积极的工作举措,可命名为主动行为因子。综合4个因子的含义,可以看出,本书得到的4个因子与霍晓丹(2013)得出的7个因子的意义涵盖相当,4个因子基本覆盖了原则性、公平公正、政治意识、决断力、洞察力、创新能力、灵活性、计划组织能力、关爱学生、宽容心、促进学生发展、影响能力、主动性、诚实正直等胜任力特征。具体结果如表5-1所示。

表5-1　　　　　　高校辅导员胜任力因子分析结果

因子	因素	F1	F2	F3	F4	信度
道德理性	对学生一视同仁,客观评价学生	0.754	0.228	0.212	0.255	0.932
	信守对学生的约定和承诺	0.739	0.220	0.186	0.239	
	任用学生干部,以德才为先,而不是任人唯亲	0.732	0.222	0.155	0.255	
	相信学生的潜力,对学生充满信心,表现出正面期待	0.720	0.254	0.260	0.174	
	面对请托劝说,能够坚持原则,按学校规章制度办事	0.691	0.180	0.297	0.174	
	在工作中绝不会弄虚作假,夸大工作成绩和掩饰工作缺点	0.682	0.304	0.149	0.239	
	有亲和力,喜欢和学生做朋友	0.665	0.195	0.272	0.235	
	认可并接受他人的创新观念和想法	0.656	0.260	0.235	0.268	
	把遵纪守法、按程序行事作为个人行为准则	0.596	0.344	0.124	0.265	

续表

因子	因素	F1	F2	F3	F4	信度
灵活决策	通常能够捕捉到异常情况，预见他人未能意识到的问题	0.074	0.659	0.347	0.195	0.910
	能够觉察到别人没能注意到的情况和细节	0.222	0.646	0.326	0.139	
	能够独立组织开展大型活动，并取得很好效果	0.440	0.617	0.146	0.138	
	遇到突发事件，有很强的决断能力和处理能力	0.314	0.613	0.270	0.283	
	能够及时发现学生工作问题	0.378	0.585	0.319	0.134	
	准确领会上级意图，能够制订周密的活动计划，很好地掌控活动进展	0.273	0.580	0.048	0.464	
	面对两难问题时能够果断做出正确决策	0.333	0.577	0.316	0.213	
	能够创造性地落实上级布置的各项工作，并取得很好的效果	0.431	0.549	0.304	0.163	
	能够科学预测决策的风险和可能的收益，果断地做出恰当决策	0.331	0.533	0.418	0.177	
关心学生	关心学生的长远发展和成长成才，做到因材施教	0.382	0.295	0.680	0.117	0.864
	运用系统的策略影响学生	0.147	0.405	0.659	0.124	
	仔细观察每一个学生的行为表现和情绪变化	0.243	0.357	0.642	0.134	
	了解每一个学生的状况并制定符合其特点的发展方案	0.123	0.386	0.599	0.271	
	把学生看成自己的孩子，付出爱心，尽力培养	0.332	0.066	0.585	0.269	
	能够对学生不同阶段进行有针对性的指导	0.401	0.410	0.510	0.169	
主动行为	在学生行为过激时，能够最大限度地谅解他	0.271	0.083	0.294	0.682	0.830
	如果发现工作目标不切合实际，会马上根据实际情况进行调整	0.233	0.333	0.076	0.647	
	承认自己工作中的过失，接受批评，正视自己的不足	0.434	0.193	0.196	0.614	
	主动采取措施消除与学生的矛盾，进而改善与学生的关系	0.399	0.255	0.257	0.589	
	当学生需要帮助时，能够第一时间给予帮助和指导	0.461	0.244	0.208	0.481	
	因子贡献率	22.4%	16.4%	12.9%	10.5%	0.963

注：因子提取方法：主成分法；旋转方法：最大方差法。

二 验证性因素分析

鉴于高校辅导员胜任力是本书的关键变量，使用了成熟的测量工具采集数据，并在提炼胜任力维度时重新进行了因子分析，研究使用AMOS20.0软件，对上述结果进行验证性因素分析，以确定胜任力分析模型的信效度情况，以及胜任力维度建构的适配度和真实性。

根据上述结果，以模型中29个题项的得分为内因变量（观察变量），以4个代表胜任力维度的潜在变量和29个误差变量为外因变量，使用极大似然估计法（ML）进行参数估计。参数估计输出结果整理如图5-1、表5-2和表5-3所示。

参数估计结果显示：①高校辅导员胜任力验证性因素分析模型的基本适配度指标良好，所有误差变异量均为正数，因素负荷量介于0.5~0.9，没有违反模型辨认规则。②在整体模型适配度方面，增值适配度所有指标均达到模型可以接受的标准；绝对适配度和简约适配度中，模型适配度的卡方值等于1401.63，显著性概率值 $p = 0.000 < 0.05$，卡方自由度比 = 3.778 > 3，这两项没有通过严格的适配度检验，但根据 Hair 等人结合模型复杂度与样本大小的观点[1]，本书的胜任力模型观测值为1157，远超过250，并且观测变量为29个，在此标准上卡方期望 p 值显著，仍表示理论模型与实际数据能够契合。整体而言，验证性因素分析模型与实际观察数据整体适配度较好，模型的外在质量和收敛效果都比较好。③在模型的内在质量方面，估计参数均达到显著水平，29个题项中有7个题项的信度低于0.5，但各胜任力维度潜在变量的组合信度均在0.8以上且量表的组合信度高达0.963，说明模型的内在质量较为理想。④验证性因素分析模型中所有题项（观察变量）均落入理论模型的因素上，说明该模型有良好的区别效度。

也就是说，高校辅导员胜任力的因子提取和结构模型质量、信效度均比较理想，与实际数据适配度也很好，能够有效刻画胜任力的分维度结构情况。

---

[1] 吴明隆：《结构方程模型——Amos 实务进阶》，重庆大学出版社2013年版，第23页。

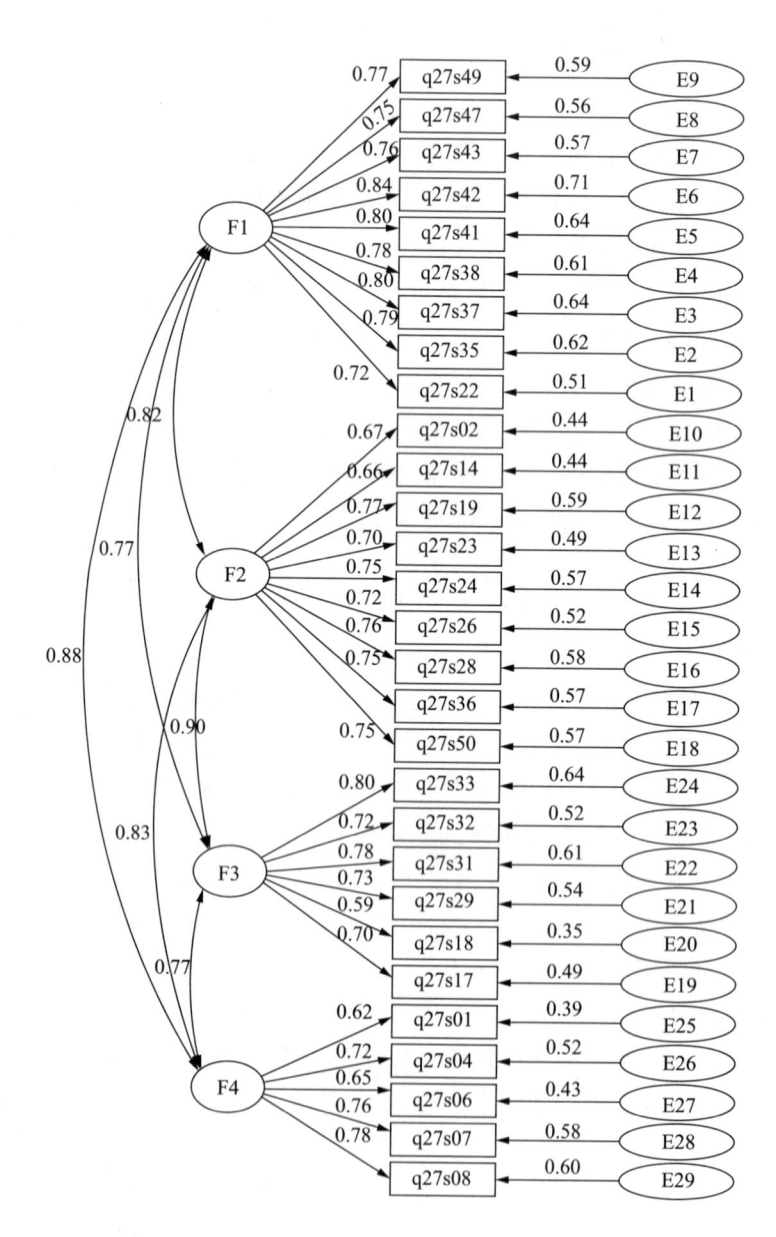

图 5-1　高校辅导员胜任力验证性因素分析参数估计路径

表5-2 高校辅导员胜任力信效度检验　　　　单位：份

维度	项目指标	信度系数 (Squared Multiple Correlations)	效度系数 (Standardized Regression Weights)	样本量
道德理性	对学生一视同仁，客观评价学生	0.705	0.840	1157
	相信学生的潜力，对学生充满信心，表现出正面期待	0.642	0.801	1157
	信守对学生的约定和承诺	0.641	0.800	1157
	任用学生干部，以德才为先，而不是任人唯亲	0.619	0.787	1157
	认可并接受他人的创新观念和想法	0.605	0.778	1157
	在工作中绝不会弄虚作假，夸大工作成绩和掩饰工作缺点	0.590	0.768	1157
	面对请托劝说，能够坚持原则，按学校规章制度办事	0.570	0.755	1157
	有亲和力，喜欢和学生做朋友	0.562	0.750	1157
	把遵纪守法、按程序行事作为个人行为准则	0.511	0.715	1157
灵活决策	遇到突发事件，有很强的决断能力和处理能力	0.595	0.771	1157
	能够创造性地落实上级布置的各项工作，并取得很好的效果	0.577	0.760	1157
	面对两难问题时能够果断做出正确决策	0.570	0.755	1157
	能够及时发现学生工作问题	0.568	0.754	1157
	能够科学预测决策的风险和可能的收益，果断地做出恰当决策	0.568	0.754	1157
	能够独立组织开展大型活动，并取得很好效果	0.521	0.722	1157
	能够觉察到别人没能注意到的情况和细节	0.493	0.702	1157
	准确领会上级意图，能够制订周密的活动计划，很好地掌控活动进展	0.444	0.666	1157
	通常能够捕捉到异常情况，预见他人未能意识到的问题	0.436	0.660	1157

续表

维度	项目指标	信度系数（Squared Multiple Correlations）	效度系数（Standardized Regression Weights）	样本量
关心学生	关心学生的长远发展和成长成才，做到因材施教	0.641	0.801	1157
	能够对学生不同阶段进行有针对性的指导	0.614	0.784	1157
	仔细观察每一个学生的行为表现和情绪变化	0.537	0.733	1157
	运用系统的策略影响学生	0.522	0.722	1157
	了解每一个学生的状况并为其制定符合其特点的发展方案	0.489	0.699	1157
	把学生看成自己的孩子，付出爱心，尽力培养	0.354	0.595	1157
主动行为	主动采取措施消除与学生的矛盾，进而改善与学生的关系	0.603	0.777	1157
	承认自己工作中的过失，接受批评，正视自己的不足	0.583	0.763	1157
	当学生需要帮助时，能够第一时间给予帮助和指导	0.516	0.718	1157
	在学生行为过激时，能够最大限度地谅解他	0.427	0.654	1157
	如果发现工作目标不切合实际，会马上根据实际情况进行调整	0.390	0.625	1157
组合信度（计算）Cronbach's Alpha（SPSS）		0.963		

表5-3　高校辅导员胜任力整体模型适配度检验

统计检验量	适配的标准或临界值	总指标（分类不能计算）	
		检验结果数据	模型适配判断
绝对适配度指数			
χ^2 值	p > 0.05（未达显著水平）	1401.63（p = 0.000 < 0.05）	否
RMR 值	< 0.05	0.019	是
RMSEA 值	< 0.08（若 < 0.05 优良；< 0.08 良好）	0.049	是
GFI 值	> 0.90	0.921	是

续表

统计检验量	适配的标准或临界值	总指标（分类不能计算）	
		检验结果数据	模型适配判断
AGFI 值	>0.90	0.907	是
增值适配度指数			
NFI 值>0.90	0.935	是	
RFI 值>0.90	0.929	是	
IFI 值>0.90	0.951	是	
TLI 值（NNFI 值）	>0.90	0.947	是
CFI 值>0.90	0.951	是	
简约适配度指数			
PGFI 值	>0.50 以上 0.785	是	
PNFI 值	>0.50 以上 0.854	是	
PCFI 值	>0.50 以上 0.869	是	
CN 值	>200	344	是
χ^2 自由度比	<3.00	3.778	否
AIC 值理论模型值小于独立模型值，1529.628>870.00，且同时小于饱和模型值 1529.628<21564.248			否
CAIC 值理论模型值小于独立模型值，1917.058<3503.310，且同时小于饱和模型值 1917.058<21739.802			是

第二节 高校辅导员胜任力的特征差异分析

由高校辅导员胜任力的因子分析和验证性因素分析，确定了分析胜任力的四个维度：道德理性、灵活决策、关心学生和主动行为。那么，高校辅导员在这四项胜任力维度上有怎样的表现水平？不同特征群体之间又有怎样的差异？本节将集中对这些差异性进行分析。

一 高校辅导员胜任力水平的院校差异

研究首先分析了不同院校的高校辅导员胜任力水平表现。由表 5-4 和表 5-5 可知，不同院校类别的辅导员，其胜任力总分和灵活决策胜任力方差分析分别通过了 0.05 和 0.01 水平的显著性检验，说明不同院校类别辅导员的胜任力总分和灵活决策水平表现上有显著的差异。准确来说，就职于高选拔性院校的辅导员，其胜任力总分的均值反而低，且胜任力总分水平随院校选拔性的提高依次降低；985 院校辅导员的胜任力总分均值比 211 院校辅导员显著低 3.91 分，比普通本科院校辅导员显著低 4.68 分，比高职高专辅导员显著低 6.42 分；在灵活决策维度，985 院校辅导员比 211 院校辅导员显著低 0.23 分，比高职高专院校辅导员显著低 0.31 分，普通本科院校辅导员比高职高专院校辅导员显著低 0.21 分。

表 5-4　　不同院校选拔性辅导员的胜任力水平统计

	总分	道德理性	灵活决策	关心学生	主动行为
985 院校	209.844	0.031	-0.158	-0.079	-0.040
211 院校	213.754	-0.031	0.071	0.031	-0.022
普通本科院校	214.523	0.056	-0.054	0.027	0.027
高职高专院校	216.261	-0.044	0.155	0.017	0.097
方差分析显著性	0.046	0.619	0.002	0.479	0.485

表 5-5　　不同院校辅导员胜任力均值两两比较结果

	(I)	(J)	均值差 (I-J)	标准误	90%置信区间 上限	90%置信区间 下限
总分	985 院校	高职高专院校	-6.417**	2.527	-10.578	-2.257
		普通本科院校	-4.680**	2.310	-8.482	-0.877
		211 院校	-3.910**	1.926	-7.080	-0.740
灵活决策	985 院校	高职高专院校	-0.313***	0.096	-0.472	-0.155
		211 院校	-0.229***	0.074	-0.350	-0.107
	普通本科院校	高职高专院校	-0.209**	0.102	-0.376	-0.042

注：显著性水平 * 表示 $p<0.1$，** 表示 $p<0.05$，*** 表示 $p<0.01$。

如果以雷达图来呈现四类院校辅导员各个维度的胜任力水平（见图 5-2)，可以发现，985 院校辅导员的四个维度胜任力得分中，道德理性胜任力得分最高且仅次于普通本科院校，其余三个维度胜任力均为四类院校中最低，灵活决策胜任力水平尤其低；211 院校和普通本科院校辅导员四个维度胜任力水平相对均衡，前者灵活决策和关心学生胜任力偏好，后者道德理性和主动行为胜任力偏好；高职高专辅导员在灵活决策和主动行为胜任力上水平突出，均为四类院校中最高，但道德理性胜任力却为四类院校最低。从维度来看，四类院校辅导员在灵活决策胜任力上区分度比较明显；关心学生胜任力上得分却比较集中，仅985院校辅导员水平明显低于其他三类院校；其他维度各类别之间略有差异。

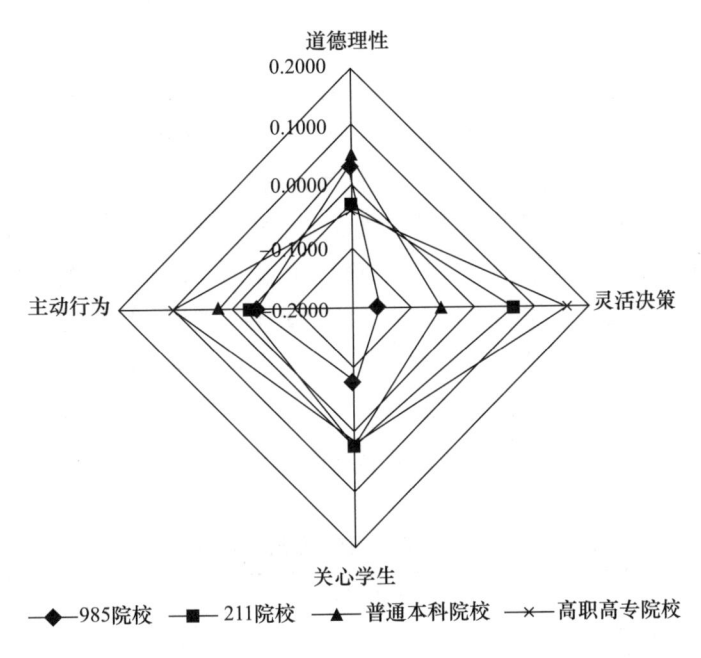

图 5-2 高校辅导员胜任力结构的院校特点及对比

二 高校辅导员胜任力水平的岗位类型差异

在区分了不同选拔性院校辅导员的胜任力差异后，将研究的关注点聚焦于院校内部，分析不同类型的辅导员胜任力水平的情况。目前，高校通常设置一线专职辅导员、专职辅导员和兼职辅导员三种岗位，胜任力水平及差异的显著性情况如表5-6、表5-7和图5-3所示。

从胜任力总分来看，一线专职辅导员的平均分最高（214.78），其次为兼职辅导员（212.57），专职辅导员得分最低（210.83）。经方差分析，胜任力总分的组间差异没有通过显著性检验，但是两两比较中，一线专职辅导员的胜任力总分比专职辅导员显著高3.95分。

从胜任力四个维度来看，三类辅导员均为两个胜任力维度因子得分为正（水平相对较高），另外两个为负（水平相对较低），但是表现水平较高的维度却均有不同，形成了各自的胜任力结构特征。具体来看，一线专职辅导员的道德理性胜任力水平显著高于其他两类辅导员，主动行为胜任力水平也为三类中最高且显著高于兼职辅导员，但其关心学生胜任力水平低于兼职辅导员，灵活决策胜任力水平显著低于兼职辅导员且为三类中最低。专职辅导员的胜任力结构在三类中最为平衡，仅关心学生胜任力偏低且显著低于兼职辅导员。兼职辅导员在灵活决策和关心学生维度上具有明显的胜任力水平优势，分别显著高于一线专职辅导员和专职辅导员；但是，他们在道德理性和主动行为胜任力水平上不仅得分水平大大降低，而且为三类中最低且显著低于其他两类辅导员。

综合分析可见，三类辅导员的胜任力结构特征较为明显。一线专职辅导员和兼职辅导员胜任力水平都具有较大的偏向性，前者道德理性和主动行为胜任力水平高，说明他们在职业道德准则的把控和主动采取工作举措方面胜任较好；后者则灵活决策和关心学生胜任力水平高，说明他们更注重与学生紧密相关和执行性较强的工作。专职辅导员则具有较为均衡的胜任力结构，四个维度胜任力水平没有太大差异。

表5-6　不同岗位类型辅导员的胜任力水平统计

	总分	道德理性	灵活决策	关心学生	主动行为
一线专职辅导员	214.783	0.124	-0.056	-0.026	0.054
专职辅导员	210.831	-0.065	0.008	-0.122	0.017
兼职辅导员	212.565	-0.096	0.122	0.055	-0.137
方差分析显著性	0.148	0.004	0.061	0.167	0.039

表5-7　不同岗位类别辅导员胜任力均值两两比较结果

	(I)	(J)	均值差(I-J)	标准误	90%置信区间 下限	90%置信区间 上限
总分	①一线专职辅导员	②专职辅导员	3.952*	2.113	0.473	7.431
道德理性	①一线专职辅导员	②专职辅导员	0.189**	0.081	0.055	0.322
	①一线专职辅导员	③兼职辅导员	0.220***	0.075	0.097	0.343
灵活决策	①一线专职辅导员	③兼职辅导员	-0.178**	0.075	-0.301	-0.054

续表

	（I）	（J）	均值差 （I－J）	标准误	90%置信区间	
					下限	上限
关心学生	②专职辅导员	③兼职辅导员	－0.177**	0.093	－0.330	－0.023
主动行为	①一线专职辅导员	③兼职辅导员	0.191**	0.076	0.067	0.315
	②专职辅导员	③兼职辅导员	0.154*	0.092	0.002	0.307

注：显著性水平 * 表示 $p<0.1$，** 表示 $p<0.05$，*** 表示 $p<0.01$。

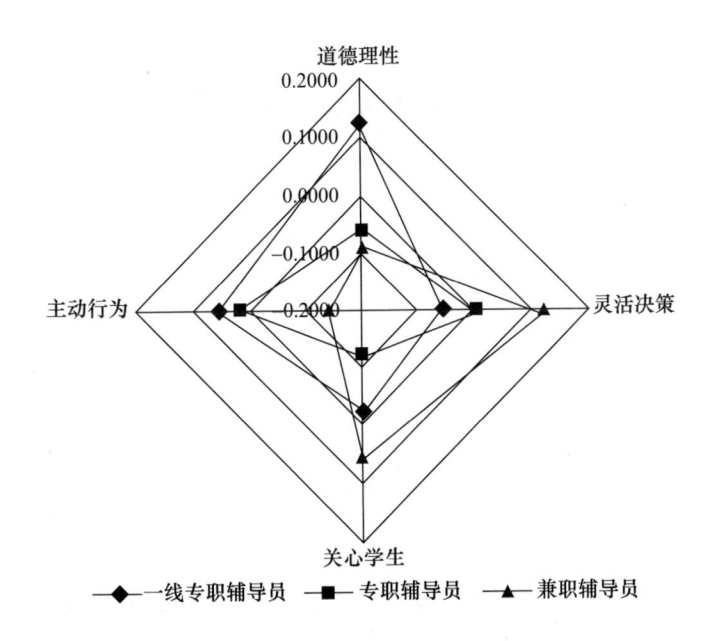

图 5-3　高校辅导员胜任力结构的岗位类别特点及对比

三　高校辅导员胜任力水平的发展阶段差异

针对辅导员个体，以从业年限为分类标准的不同发展阶段也会体现出不同的胜任力水平。分析结果如表 5-8 所示。

随着从业年限的增长和发展阶段的提升，辅导员的胜任力总分，以及道德理性、灵活决策和主动行为三个维度的胜任力表现水平均不断提升，并且这四项方差的组间差异均通过了 0.1 水平的显著性检验（其中三项通过了 0.01 水平的显著性检验）；关心学生胜任力则不断下降，并且方差分析的组间差异不显著。从两两比较的情况可以看出，维持生成期辅导员的主动行为和道德理性胜任力显著高于其他两阶段辅导员，而其他两类辅导员的这两维度胜任力水平则基本持平，说明这些胜任力水平在从业8年以上才能显现出水平的明显提升；灵活决策胜任力则是三类水平显著递增的趋势，说明这一胜任力能够随从业时间的积累而不断提升；关心学生胜任力水平随发展阶段提升小幅度减少，且差异并不显著，也能够说明与关心关怀学生相关的职责与辅导员从业年限的关联度不高，且随着从业年限的增长而逐渐有所转化，而辅导员个体将随着职业经验的积累而非常好地呈现把握工作准则、主动采取工作措施、灵活做出决策方面的较高胜任力。

表5-8　　　　　　　不同发展阶段辅导员的胜任力水平统计

	总分	道德理性	灵活决策	关心学生	主动行为
形成建立期（1~3年）	210.559	-0.034	-0.106	0.020	-0.055
探索积累期（4~8年）	214.891	0.003	0.113	-0.008	-0.030
维持生成期（8年以上）	225.959	0.198	0.397	-0.060	0.391
方差分析显著性	0.000	0.092	0.000	0.723	0.000

表5-9　　　　　　不同发展阶段辅导员胜任力均值两两比较结果

	(I)	(J)	均值差(I-J)	标准误	90%置信区间 下限	90%置信区间 上限
总分	维持生成期（8年以上）	形成建立期（1~3年）	15.400***	2.770	10.840	19.960
	维持生成期（8年以上）	探索积累期（4~8年）	11.067***	2.935	6.235	15.899
	探索积累期（4~8年）	形成建立期（1~3年）	4.333**	1.695	1.543	7.123
道德理性	维持生成期（8年以上）	形成建立期（1~3年）	0.232***	0.106	0.057	0.406
		探索积累期（4~8年）	0.195*	0.112	0.010	0.380
灵活决策	维持生成期（8年以上）	形成建立期（1~3年）	0.503***	0.105	0.330	0.676
		探索积累期（4~8年）	0.284**	0.111	0.101	0.467
	探索积累期（4~8年）	形成建立期（1~3年）	0.219***	0.065	0.113	0.326
主动行为	维持生成期（8年以上）	形成建立期（1~3年）	0.446***	0.106	0.272	0.621
		探索积累期（4~8年）	0.421***	0.112	0.237	0.606

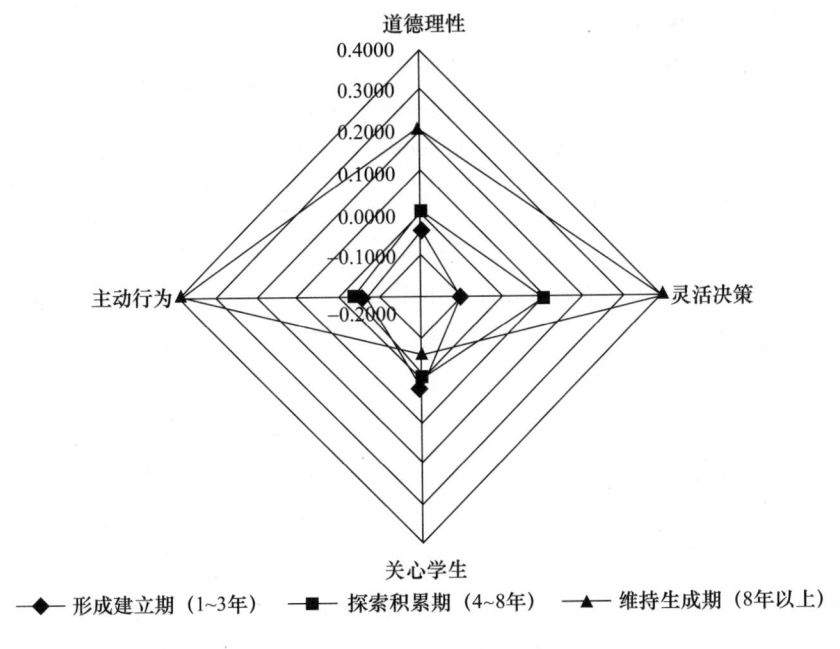

图 5-4 高校辅导员胜任力结构的发展阶段特点及对比

第三节 本章小结

本章对高校辅导员的胜任力水平进行了深入的分析。

首先，利用因子分析和验证性因素分析，刻画出高校辅导员胜任力的四个维度，即道德理性、灵活决策、关心学生和主动行为。这四个维度分别代表了原则性、公平公正、政治意识、决断力、洞察力、创新能力、关爱学生、影响学生、主动性、诚实正直等胜任力特征。但是，这些胜任力无法涵盖辅导员胜任力的全部内容，但模型可信度较高，且与辅导员的工作要求和本书的关注点契合度较高，为辅导员的胜任力分析提供了一种视角。

其次，在胜任力四个维度基础上，从院校选拔性、岗位类型和发展阶段三个方面分析了高校辅导员胜任力水平的表现情况和群体差异。这些差异的发现，为下文影响因素研究和控制变量的确定打下了重要基础。

最后，胜任力的表现水平存在不同程度的群体差异。

（1）高选拔性院校辅导员并未表现出高胜任力水平。调查结果显示，胜任力总分随着院校选拔性的提高而逐渐降低，985院校辅导员胜任力总分的均值最低，高职高专院校最高。985院校辅导员除道德理性胜任力得分尚可外，其余维度胜任力均为四类院校中最低。四类院校辅导员在关心学生胜任力水平上较接近，灵活决策胜任力水平差异明显。

（2）辅导员胜任力水平与岗位类型有一定呼应。调查结果显示，一线专职辅导员和兼职辅导员胜任力水平都具有较大的偏向性，前者道德理性和主动行为胜任力水平高，后者则为灵活决策和关心学生胜任力水平高，专职辅导员则具有较为均衡的胜任力表现，各维度胜任力水平差异不大。

（3）辅导员胜任力水平随发展阶段变化而变化。调查结果显示，辅导员发展阶段越高，其胜任力总分越高。具体到各维度上，除关心学生胜任力水平随着发展阶段的提高小幅降低外，其他三个维度的胜任力水平均有所增长。其中道德理性和主动行为胜任力水平到维持生成期才呈现出较大幅度的提升，这与两个维度对应的胜任力特征培养和发展需要良好的组织环境与辅导员个体职业成熟度的提升有关。

第六章 高校辅导员胜任力的影响机制分析

基于前文对高校辅导员胜任力的维度划分,以及胜任力表现水平的差异性分析,本章将进一步对高校辅导员的胜任力影响机制进行挖掘。重点考察了在控制了职业特征的情况下,学校组织支持及职业投入与胜任力的关联性,最终形成具体的胜任力影响机制。

第一节 高校辅导员胜任力影响因素分析

一 高校辅导员胜任力的多元回归分析

基于第三章中的研究理论框架,本书将以胜任力(1个总分变量和4个具体维度因子得分变量)为被解释变量,以组织支持和职业投入为解释变量,以职业特征为控制变量,对胜任力及其各个维度相应的影响机制进行逐步探索。首先通过多元线性回归进行影响因素的分析。

多元回归模型建构如下:

$$Competency = \beta_0 + \beta_1^* CF + \beta_2^* CS \beta_3 * CI + \varepsilon$$

其中,$Competency$ 代表高校辅导员的胜任力:胜任力总分,道德理性、灵活决策、关心学生和主动行为的因子得分,共5个因变量;CF 指职业特征,为控制变量,包括院校选拔性(985院校、211院校和普通本科院校共3个虚拟变量)、辅导员岗位类型(一线专职辅导员和专职辅导员共2个虚拟变量)、职业发展阶段(形成建立期、探索积累期共2个虚拟变量)、职业动机(内部动机和外部动机共2个得分均值合成变量);CS 指组织支持,为核心的自变量,包括环境支持(物质支持和情感支持共2个因子得分变量)、组织激励(思政教育工作奖励虚拟变量)、政策支持(职务职称、培训进修和协会组织共3个得分均值合成变量);CI 指职业投入，包括管理服务投入和教育培训投入共2个因子得分变量。

使用SPSS2.0计算多元线性模型回归结果，生成分别以胜任力总分、道德理性、灵活决策、关心学生和主动行为为因变量的5个模型。所有模型均通过多重共线性诊断和F检验，F检验总体显著水平达0.01；表6-1中列出了各模型的修正后拟合优度。其中，胜任力总分模型的拟合优度最高，达0.312，可以有效解释胜任力总分31.2%的变异；道德理性、灵活决策和关心学生模型拟合优度均在0.1~0.2，以关心学生模型拟合优度最高，可以解释因变量16.4%的变异；主动行为模型拟合优度略低，模型可以解释因变量6.7%的变异。由于辅导员胜任力影响因素复杂，而本书的理论框架重点聚焦组织支持等因素对胜任力的影响，模型具有比较理想的解释力。多元回归分析结果如表6-1所示。

表6-1　高校辅导员胜任力影响因素的多元线性回归分析结果

		模型1 胜任力总分	模型2 道德理性	模型3 灵活决策	模型4 关心学生	模型5 主动行为
职业特征	985院校	-0.141***	-0.068	-0.128**	0.011	-0.037
	211院校	-0.086	-0.072	-0.056	0.051	-0.034
	普通本科院校	-0.059	-0.028	-0.099*	0.060	-0.025
	一线专职辅导员	-0.008	0.060	-0.113***	-0.035	0.083*
	专职辅导员	-0.005	0.015	-0.040	-0.025	0.066
	形成建立期	-0.149***	-0.051	-0.147**	0.127**	-0.232***
	探索积累期	-0.132**	-0.087	-0.097*	0.119**	-0.209***
	职业动机—内部动机	-0.018	0.071	-0.001	-0.042	-0.095*
	职业动机—外部动机	-0.059	-0.011	-0.007	-0.058	-0.065
组织支持	物质支持	-0.024	-0.056*	-0.031	0.085**	-0.024
	情感支持	0.174***	0.142***	0.008	0.093***	0.137***
	思政教育工作奖励	0.077**	0.009	0.070*	0.063*	-0.031
	职务职称	-0.031	-0.018	0.036	-0.061*	-0.010
	培训进修	-0.072**	-0.020	-0.031	-0.050	-0.038
	协会组织	0.005	-0.050	0.013	-0.001	0.033
职业投入	管理服务投入	0.373***	0.329***	0.098***	0.114***	0.153***
	教育培训投入	0.263***	-0.033	0.245***	0.301***	0.033
	常数项	235.173***	-0.043	0.542	0.222	1.178***
	调整后的R^2	0.312	0.164	0.103	0.132	0.067
	样本数	824	842	842	842	842

注：显著性水平 * 表示 $p<0.1$，** 表示 $p<0.05$，*** 表示 $p<0.01$。

第六章 高校辅导员胜任力的影响机制分析

高校辅导员胜任力的影响因素模型有效验证了在控制辅导员职业特征的情况下，组织支持和职业投入与胜任力及其各维度之间的关联性。具体回归结果概括如下。

第一，环境支持中，情感支持对除灵活决策外的其他各维度胜任力具有 0.01 水平的显著正向影响，其中对胜任力总分水平的提高作用最大，回归系数达 0.174；胜任力维度中，对道德理性和主动行为的提升作用较大，回归系数分别为 0.142 和 0.137。物质支持对胜任力的影响作用不大，除能显著提高关心学生胜任力水平外，物质支持对胜任力总分和其他各维度均具有负向影响，并能显著降低道德理性胜任力水平。这从一定程度上说明，良好的情感支持能够有效地提升辅导员的胜任力，而过于优越的物质环境反而会降低辅导员的胜任力水平；但是，良好的物质待遇环境能够使辅导员有职业安全感，能在关心爱护学生方面尽职尽责。

第二，以思想政治教育工作奖励为代表的组织激励对胜任力总分和除主动行为外的其他胜任力维度具有正向影响。也就是说，给予辅导员有效的工作认可和奖励，能够使其灵活决策和关心学生胜任力显著提升，并能够显著提高其胜任力总体得分水平。

第三，政策支持三个变量对大部分胜任力维度具有负向影响。其中，职务职称支持会显著降低辅导员关心学生胜任力，培训进修支持会显著降低胜任力总分水平。这一研究结果与研究预期恰恰相反。这些具体的政策支持是国家和高校支持辅导员队伍建设和职业发展最直接的方式，也是软硬件投入最多的支持方式，这样的投入自然期望对辅导员的发展有所帮助。但研究结果却说明了目前的职务职称、培训进修支持不仅无法促进辅导员发展，反而对辅导员的胜任力提升有一定的限制作用。由此可以从一定程度上说明，目前对辅导员的具体政策支持在效用和效果上有所不足，很可能在政策具体设计、支持方式和支持实践中暴露出一些问题。原因为何，需要在后续的研究中进一步探讨。

第四，职业投入基本上对辅导员胜任力均具有正向影响。其中，管理服务投入对胜任力总分和所有维度均有显著的正向影响，四个维度中以对道德理性的影响程度最高，回归系数达 0.329；教育培训投入对胜任力总分、灵活决策和关心学生胜任力有显著的正向影响，对关心学生的影响最大，回归系数为 0.301。结果说明，职业投入总体上能够较大程度地影响辅导员的胜任力水平，验证了辅导员作为高贡献职业的性质，具体职责的投入能够更有效地提升辅导员的胜任力水平。

二 影响因素的群体性差异

根据上文多元回归分析结果,发现研究的核心变量——组织支持中的政策支持变量对胜任力没有达到预期的显著影响,并且物质支持和部分政策支持对胜任力呈现显著的负向影响。因此,本书将进一步挖掘组织支持与职业特征的交互作用对胜任力的影响,期望发现组织支持对具有一定职业特征的辅导员群体的影响作用。

加入交互项后,多元回归模型调整如下:

$$Competency = \alpha_0 + \alpha_1 \times CF + \alpha_2 \times CS + \alpha_3 \times CF \times CS + \varepsilon$$

其中,Competency、CF 和 CS 与前文模型相同,分别代表胜任力、职业特征和组织支持,$CF \times CS$ 为各职业特征变量与各组织支持变量的交互项。使用 SPSS2.0 计算多元线性模型回归结果,生成分别以胜任力总分、道德理性、灵活决策、关心学生和主动行为为因变量的 5 个模型。由于加入了较多的交互项变量,为避免变量之间出现多重共线性,采用逐步回归法进行计算。根据多元回归结果,将结果显著的交互作用进行整理,如表6-2 所示。

表6-2 高校辅导员胜任力影响因素——交互作用的分析结果

		模型1 胜任力总分	模型2 道德理性	模型3 灵活决策	模型4 关心学生	模型5 主动行为
环境支持	物质支持×985院校		-0.081**	0.115***		
	物质支持×211院校			0.082**		
	物质支持×普通本科院校	0.058*				0.113***
	物质支持×一线专职辅导员				0.071*	
	物质支持×形成建立期			-0.155***	0.071*	
	情感支持×985院校	0.071*			0.074**	
	情感支持×211院校	0.120***	0.088**	0.068**		0.070*
	情感支持×形成建立期	0.190***				
	情感支持×探索积累期	0.118***		0.063		
组织激励	奖励×211院校					0.068**
	奖励×形成建立期		-0.094**	-0.144**		
	奖励×探索积累期			-0.183***		

续表

		模型1 胜任力总分	模型2 道德理性	模型3 灵活决策	模型4 关心学生	模型5 主动行为
政策支持	职务职称×985院校		0.061*			
	职务职称×普通本科院校				0.067*	
	职务职称×一线专职辅导员				-0.124***	
	职务职称×探索积累期	-0.111***	-0.146***			
	培训进修×985院校				-0.070**	
	培训进修×普通本科院校		0.110***			
	培训进修×专职辅导员				-0.092**	
	培训进修×形成建立期	-0.106***		-0.063*		
	协会组织×985院校				-0.070**	
	协会组织×普通本科院校		-0.100***			0.080**

注：显著性水平*表示p<0.1，**表示p<0.05，***表示p<0.01。

由分析结果可见，组织支持的各维度变量经与不同的职业特征变量交互后，从不同程度上体现了对胜任力的影响作用。具体结果如下。

环境支持变量中，物质支持在加入交互项之前，仅对道德理性有显著的负向影响，对关心学生有显著的正向影响。加入交互项之后，物质支持与985院校的交互项对道德理性有显著的负向影响，与一线专职辅导员和形成建立期辅导员的交互项对关心学生有显著的正向影响；此外，还发现物质支持与985院校、211院校的交互项均对灵活决策胜任力产生了显著的正向影响，与普通本科院校交互后，对主动行为产生了显著的正向影响。在情感支持方面，与211院校的交互项对除关心学生之外的其他胜任力维度均产生显著的正向影响，说明情感支持对于211院校辅导员的作用尤其明显；985院校的关心学生胜任力则受到情感支持交互作用的显著正向影响；对于探索积累期的辅导员来说，情感支持则更能够有效提升其灵活决策胜任力。

组织激励中，加入交互项之前，工作奖励对灵活决策和关心学生胜任力有显著的正向影响。加入交互项后的分析发现，工作奖励与211院校交互后，也能够对主动行为胜任力产生显著的正向影响；与形成建立期辅导员交互，则会对道德理性和灵活决策胜任力产生显著的负向影响，与探索积累期交互也会对灵活决策产生显著的负向影响，且对探索积累期辅导员的灵活决策负向影响比对形成建立期辅导员的影响程度更高。说明对形成建立期的辅导员提供过多的奖励反而会导致其道德理性和灵活决策胜任力的降低。

政策支持中，未加入交互项之前仅能体现职务职称支持对关心学生胜任力的显著负向影响作用。加入交互项之后，三个方面的政策支持呈现出对胜任力的更多显著影响。具体来看，职务职称支持对985院校辅导员的道德理性胜任力和对普通本科院校的关心学生胜任力均产生了显著的正向影响，对一线专职辅导员的职务职称支持会对其关心学生胜任力产生非常显著的负向影响，对探索积累期辅导员的道德理性胜任力产生显著的负向影响。培训进修支持仅对普通本科院校辅导员的道德理性胜任力有非常显著的正向交互作用，对形成建立期的培训进修支持反而会对其灵活决策胜任力产生显著的负向影响。协会组织与普通本科院校交互后，正向影响主动行为胜任力、负向影响道德理性胜任力。

三 影响因素分析小结

根据上述分析，将高校辅导员胜任力的影响因素小结如下。

首先，如果只考虑在控制了职业特征相关因素下组织支持和职业投入对胜任力的影响（见表6-3），高校辅导员的胜任力总分水平在更多的职业投入、良好的情感支持和组织激励下可以得到显著提升，过多的培训反而会阻碍胜任力水平的提升。对于关心学生胜任力来说，良好的工作环境、适当的组织激励和更多的职业投入均能促进辅导员这一维度胜任力的提升，政策的倾向无法起到促进作用，甚至会产生反作用。道德理性和主动行为胜任力都需要情感支持和管理服务投入以获得有效提升；道德理性胜任力还受到物质环境支持的负向影响。而对于灵活决策胜任力来说，更多的工作奖励和工作职责上的投入可以有效提升其水平。

其次，在考虑了组织支持和职业特征对胜任力交互作用的情况下，可以总结出不同的职业特征群体的胜任力受到组织支持怎样的影响。

（1）从院校选拔性特征来看：对于985院校辅导员，给予更好的情感支持不仅能够有效提升其关心学生胜任力，还能够提升胜任力的总体水平；过多的培训进修和协会组织活动无助于985院校辅导员提升关心学生

表6-3　　组织支持和职业投入对高校辅导员胜任力的影响小结

		胜任力总分	道德理性	灵活决策	关心学生	主动行为
组织支持	物质支持		−		+	
	情感支持	+	+		+	+
	思政教育工作奖励	+	+	+		
	职务职称				−	
	培训进修	−				
	协会组织					
职业投入	管理服务投入	+	+	+	+	+
	教育培训投入	+		+	+	

胜任力。情感支持对211院校辅导员来说作用最为明显，优化211院校辅导员的情感支持环境，能够显著提升除关心学生胜任力之外所有维度的胜任力水平，这也从侧面说明此类院校辅导员对于情感支持的需求更为迫切。普通本科院校的辅导员的胜任力水平更大程度地受到物质支持和政策支持的影响和激励，良好的物质环境能够促进其胜任力总体水平提升，并促进其主动承担工作职责；其道德理性和主动行为的胜任力也可以在培训进修当中得到提升。

（2）从岗位类别特征来看，一线专职辅导员在关心学生胜任力上的提升可以通过物质环境的支持来激励，但如果给一线专职辅导员的职务职称支持过多或者给专职辅导员过多的培训，反而会阻碍其关心学生胜任力的提升。

（3）从发展阶段特征来看，给予形成建立期辅导员过多的培训和奖励对胜任力的提升起不到积极作用，甚至可能出现反作用；给予适当的物质支持可以有效地激励形成建立期辅导员更多地投入与学生主体紧密相关的工作；总体而言，形成建立期辅导员更需要良好的情感支持来激励其胜任力总体水平的提升。情感支持对探索积累期辅导员同样重要，给予探索积累期辅导员更多的职务职称支持或奖励支持对其胜任力水平也没有理想的积极作用。

表6-4　组织支持与职业特征的交互作用对高校辅导员胜任力的影响小结

		物质支持	情感支持	工作奖励	职务职称	培训进修	协会组织
胜任力总分	985院校		+				
	211院校		+				
	普通本科院校	+					
	形成建立期		+			−	
	探索积累期		+		−		
道德理性	985院校	−	+				
	211院校		+				
	普通本科院校				+	−	
	形成建立期			−			
	探索积累期			−			
灵活决策	985院校	+					
	211院校	+	+				
	普通本科院校						
	形成建立期	−				−	
	探索积累期	+	−				
关心学生	985院校	+				−	
	211院校						
	普通本科院校			+			
	一线专职辅导员	+			−		
	专职辅导员	−					
	形成建立期	+					
	探索积累期						
主动行为	211院校		+	+			
	普通本科院校	+				+	

第二节　高校辅导员胜任力影响机制路径分析

一　路径分析模型建构

上文的多元回归分析呈现了组织支持和职业投入与高校辅导员胜任力的关联性，并且呈现出职业投入的正向影响作用较大，而职业投入各变量影响程度有所差异的特点。根据本书的理论框架及相关文献的梳理，同时结合辅导员工作的实践，研究者认为职业投入是介于组织支持要素和辅导员胜任力之间的因素，即组织对辅导员的各种支持需要通过辅导员个体投

第六章 高校辅导员胜任力的影响机制分析 ·99·

入的转化才能最终作用于胜任力（见图6-1）。那么，对于辅导员胜任力的不同维度，组织支持又怎样通过职业投入作用于胜任力，本书采用基于结构方程模型的路径分析进行更加深入的剖析，梳理出具体的影响机制。

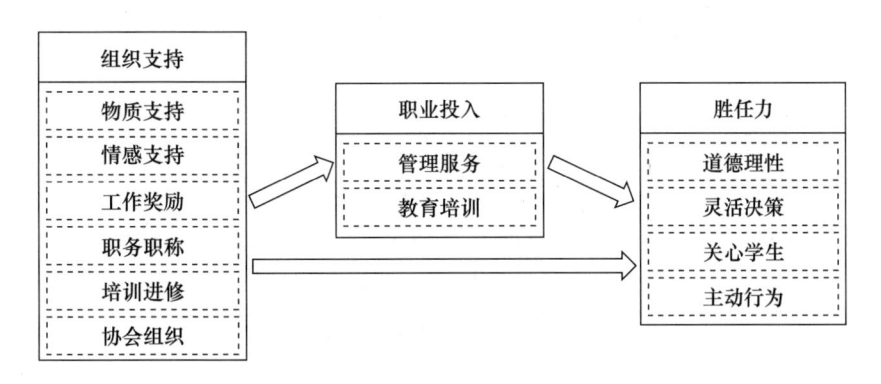

图6-1 组织支持影响辅导员胜任力路径分析模型

由于样本数据是大样本数据，该章节采用AMOS20.0软件进行路径分析。AMOS进行路径分析的研究假设，首先需要对变量的正态性进行检验。一般认为，如果样本显性变量的偏度系数大于3、峰度系数大于8，则可能偏离正态分布。表6-5呈现了四个路径分析模型中所涉及变量的正态性检验数据，由表6-5可见，所有变量的偏度系数均小于3，且峰度系数均小于8，符合正态分布的要求。因此，采用极大似然估计法（ML）进行模型的构建和路径系数计算。

表6-5　　　　　　　变量正态性检验

变量	最小值	最大值	偏度系数	偏度临界值	峰度系数	峰度临界值
物质支持	-3.179	2.692	-0.368	-5.108	0.298	2.066
情感支持	-4.501	2.547	-0.359	-4.988	1.328	9.219
工作奖励	0.000	1.000	0.431	5.987	-1.795	-12.461
职务职称	0.000	1.000	0.849	11.792	-0.056	-0.387
培训进修	0.000	1.000	0.181	2.515	-0.967	-6.716
协会组织	0.000	1.000	0.999	13.878	0.084	0.584
管理服务投入	-3.115	1.827	-0.498	-6.921	-0.113	-0.786
教育培训投入	-3.047	2.121	-0.361	-5.015	-0.040	-0.279
胜任力—道德理性	-5.353	2.790	-1.180	-16.388	3.184	22.106

续表

变量	最小值	最大值	偏度系数	偏度临界值	峰度系数	峰度临界值
胜任力—灵活决策	-3.815	4.157	-0.307	-4.261	0.597	4.147
胜任力—关心学生	-6.059	2.168	-1.119	-15.546	3.175	22.047
胜任力—主动行为	-4.280	4.555	-0.580	-8.056	1.504	10.441

图6-2显示了辅导员胜任力四个维度的路径分析模型，该模型中包括的均为显性变量（即观察变量，用方形表示），研究假设中六个外生变量（物质支持、情感支持、工作奖励、职务职称、培训进修、协会组织），对于四个维度的辅导员胜任力（道德理性、灵活决策、关心学生、主动行为）具有直接影响外，由于职业投入的中介效应，还会通过管理服务投入和教育培训投入两个中介变量，对辅导员胜任力形成间接影响作用。

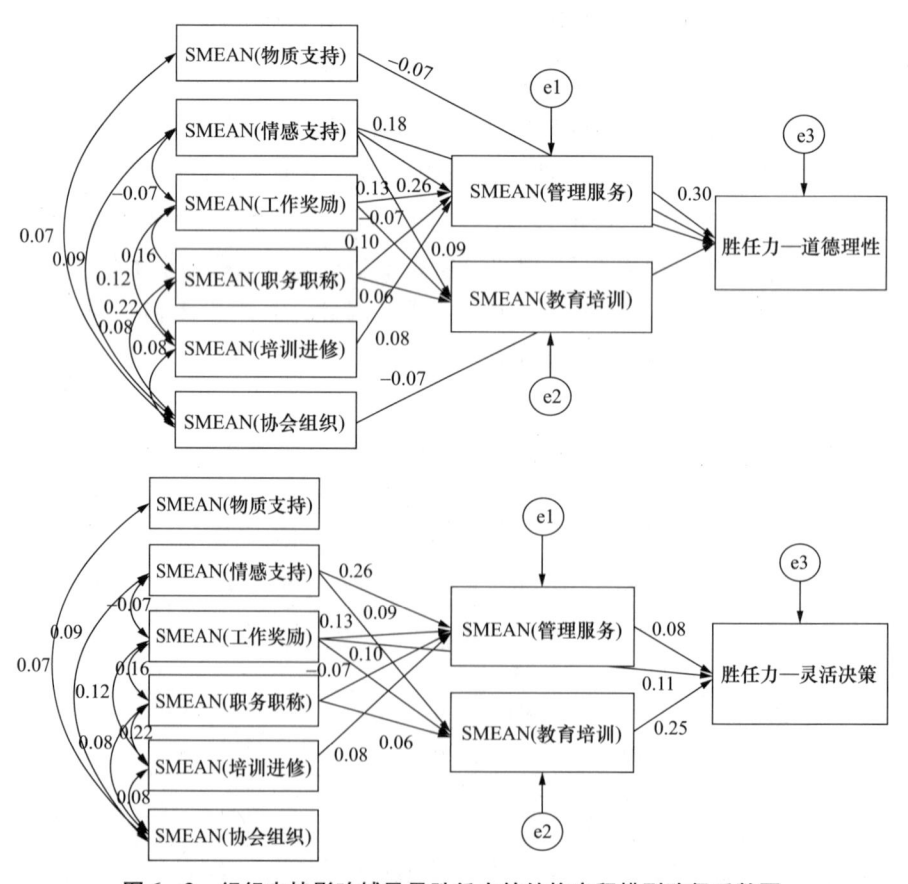

图6-2 组织支持影响辅导员胜任力的结构方程模型路径系数图

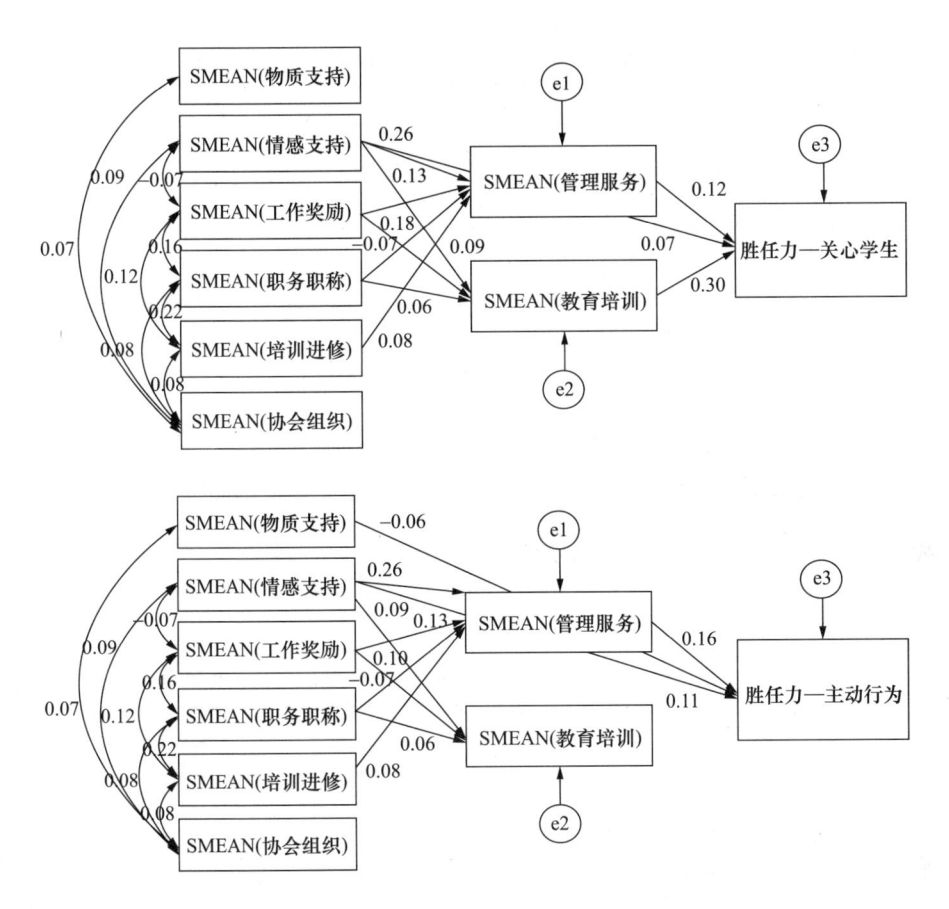

图 6-2 组织支持影响辅导员胜任力的结构方程模型路径系数图（续）

对于以上模型，本书进行了适配度检验（见表6-6）。在模型整体适配度判别方面，四个模型的卡方值分别为 21.948、24.588、22.976 和 18.598，显著性概率 P 值均大于 0.05，接受原假设，表示模型的整体适配度较好。此外，从较为常用的适配度检验指标 CFI（Comparative Fit Index，比较拟合指数）和 RMSEA（Root Mean Square Error of Approximation，近似误差均方根）来看，四个模型的 CFI 值均大于 0.980，RMSEA 均小于 0.02。根据前文采用的指标适配标准，说明该结构方程模型能够较好地拟合样本数据，同时说明运用该模型得出的研究结果能够较好地反映样本的实际情况。

表6-6　组织支持影响辅导员胜任力路径分析的模型适配度检验

	道德理性	灵活决策	关心学生	主动行为
卡方值	21.948	24.588	22.976	18.598
df	17	18	18	18
p	0.187	0.137	0.191	0.417
CFI	0.989	0.981	0.987	0.998
RMSEA	0.016	0.018	0.015	0.005

二　路径分析模型结果分析

四个模型中作为外因变量的组织支持6个因素通过中介变量——职业投入影响辅导员胜任力的标准化影响效应如表6-7所示。为更好地呈现效应值情况，将表6-7中的直接、间接效应值绘图（如图6-3所示）。

表6-7　职业投入作为中介变量的组织支持对辅导员胜任力的标准化影响

		物质支持	情感支持	工作奖励	职务职称	培训进修	协会组织	管理服务投入	教育培训投入
道德理性	总影响	-0.075	0.256	0.037	-0.021	0.025	-0.075	0.295	
	直接	-0.075	0.181				-0.075	0.295	
	间接		0.076	0.037	-0.021	0.025			
灵活决策	总影响		0.044	0.149	0.009	0.007		0.081	0.245
	直接			0.114				0.081	0.245
	间接		0.044	0.035	0.009	0.007			
关心学生	总影响		0.133	0.046	0.009	0.010		0.119	0.302
	直接		0.074					0.119	0.302
	间接		0.059	0.046	0.009	0.010			
主动行为	总影响	-0.059	0.147	0.020	-0.011	0.013		0.159	
	直接	-0.059	0.106					0.159	
	间接		0.041	0.020	-0.011	0.013			

第六章 高校辅导员胜任力的影响机制分析 ·103·

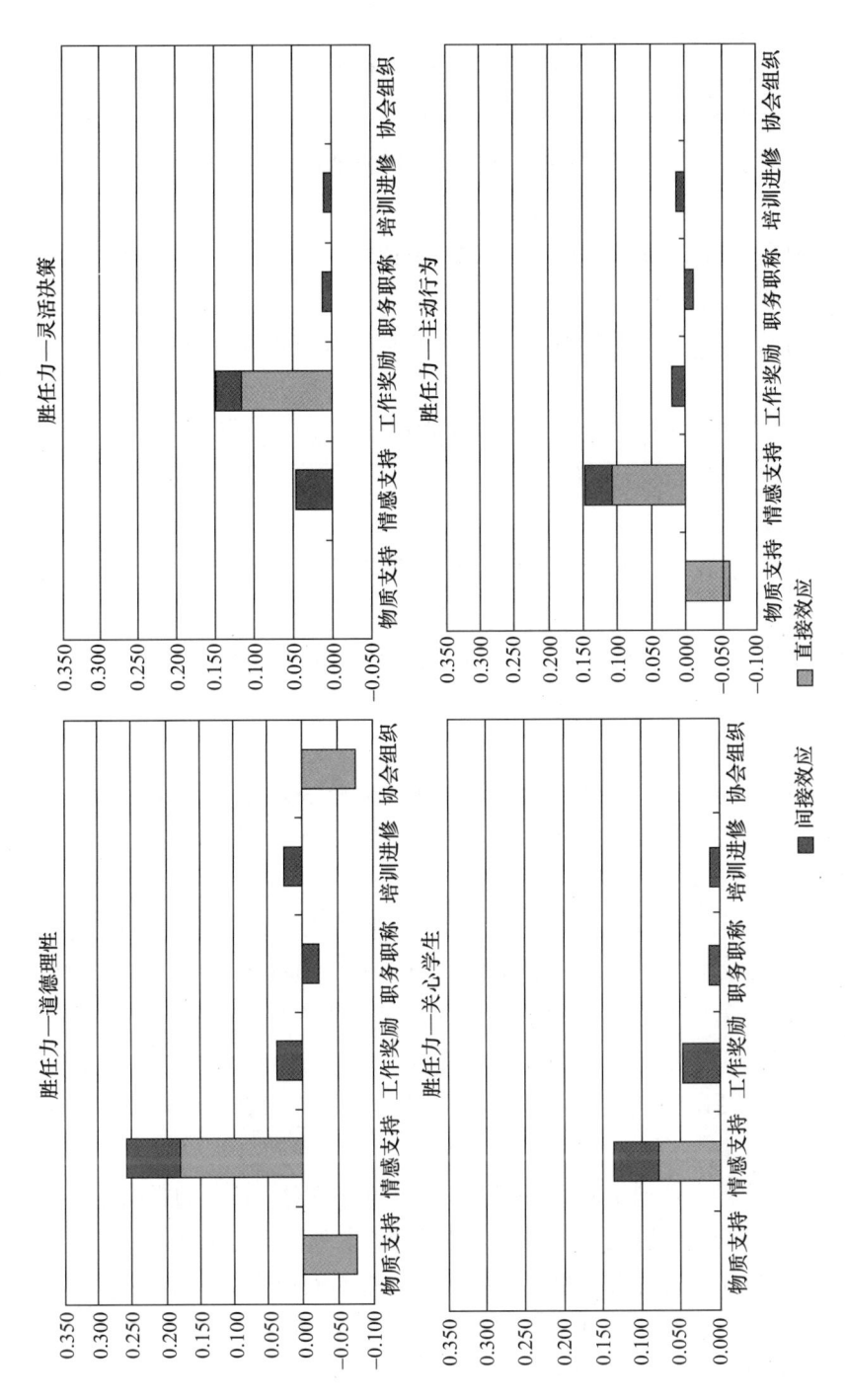

图 6-3 组织支持影响辅导员胜任力的直接与间接效应

路径分析的主要结果如下。

第一,组织支持对四个维度辅导员胜任力的影响机制可以概括如下。

(1) 道德理性：

a. 情感支持/工作奖励/职务职称/培训进修→管理服务投入→道德理性。

b. 物质支持/情感支持/协会组织→道德理性。

(2) 灵活决策：

a. 情感支持/工作奖励/职务职称/培训进修→管理服务投入→灵活决策。

b. 情感支持/工作奖励/职务职称→教育培训投入→灵活决策。

c. 工作奖励→灵活决策。

(3) 关心学生：

a. 情感支持/工作奖励/职务职称/培训进修→管理服务投入→关心学生。

b. 情感支持/工作奖励/职务职称→教育培训投入→关心学生。

c. 情感支持→关心学生。

(4) 主动行为：

a. 情感支持/工作奖励/职务职称/培训进修→管理服务投入→主动行为。

b. 物质支持/情感支持→主动行为。

第二,组织支持各因素对胜任力的不同维度具有不同程度上的显著直接影响。其中,物质支持对道德理性(-0.075)和主动行为(-0.059)均呈现负向显著的直接影响；情感支持则对道德理性(0.181)、关心学生(0.074)和主动行为(0.106)具有显著的正向影响。在政策支持中,工作奖励对灵活决策(0.114)的直接影响为正,而协会组织对道德理性(-0.075)的直接影响为负。该结果与上一节的回归分析结果类似,组织支持中,情感支持的正向影响显著,而政策支持对胜任力的影响效应较小且呈现一定的负向影响,原因还需要通过质性分析进行挖掘。

第三,组织支持部分因素还对胜任力具有不同程度的间接影响效应。情感支持和工作奖励对胜任力各维度的间接影响均为正向且前者高于后者；职务职称支持对灵活决策(0.009)和关心学生(0.009)具有正向间接影响,而对道德理性(-0.021)和主动行为(-0.011)的间接影响为负；培训进修则对道德理性（0.025）、灵活决策（0.007）、关心学生（0.010）和主动行为（0.013）具有显著的正向间接影响。值得注意的是，通过职业投入的中介作用，培训进修对所有胜任力维度均产生显著的间接影响，说明通过在职责上的投入，有些本身没有影响或有负向影响的政策支持因素，反而可以对胜任力产生积极影响。另外，组织支持通过职业投入的中介作用，对胜任力的影响作用有所增强，对情感支持影响效应的增强作用最为明显。

第四，从总效应来看，对于道德理性胜任力，情感支持（0.256）、工作奖励（0.037）和培训进修（0.025）具有正向的总影响，其余三项支持的总影响均为负且物质支持和协会组织支持的负向影响作用最大（-0.075）。对于灵活决策胜任力，情感支持（0.044）、工作奖励（0.149）、职务职称（0.009）和培训进修（0.007）均呈现显著的正向影响，以工作奖励的总效应最大。对于关心学生胜任力，情感支持（0.133）、工作奖励（0.046）、职务职称（0.009）和培训进修（0.010）均有显著的正向影响，且以情感支持的总效应最大。对于主动行为胜任力，情感支持（0.147）仍是最突出的影响因素，工作奖励（0.020）和培训进修（0.013）也具有程度相对较低的总效应，而物质支持（-0.059）和职务职称（-0.011）的总效应为负。

总结路径分析的结果可以发现，在本书聚焦的组织支持因素中，情感支持对胜任力有最为显著的促进作用，其次为组织激励；物质支持对辅导员胜任力的影响效应均为负；具体政策支持对胜任力则呈现负向的直接影响，且并没有通过职业投入的中介转化而产生对胜任力的促进作用。

第三节 本章小结

本章进行了高校辅导员影响因素和影响机制的研究，由组织支持和职业投入对胜任力的多元线性回归、组织支持与职业特征对胜任力的交互作用和以职业投入为中介变量的路径分析三部分组成，逐步形成了定量方法下的高校辅导员胜任力总分及各个维度的影响机制。主要分析结果归结如下：

第一，辅导员的职业投入有重要价值，情感支持和组织激励作用远优于政策支持。研究结果显示，辅导员的职业投入对其胜任力水平的积极影响要高于组织支持。组织支持各方面内容中，情感支持和组织激励对高校辅导员胜任力水平的积极影响比较显著，尤以情感支持的积极影响最为广泛和有效。但整体来看，组织支持中的政策支持却没有对辅导员胜任力起到较好的促进作用，对于个别胜任力维度反而存在显著的阻碍作用。这说明辅导员的培训、职称及协会组织等具体的政策支持与预期差距较大，未起到促进辅导员胜任力水平提升的作用。

第二，组织支持与职业特征交互后，政策支持和物质支持对胜任力的促进作用有所提升，但仍不如情感支持。研究发现政策支持的影响作用缺失较严重后，进一步探讨了组织支持与职业特征交互作用对辅导员胜任力的影响。结果显示，情感支持对211院校价值较大；物质支持和政策支持对普通本科院校辅导员效果更好，同时物质支持还能帮助一线专职辅导员和形成建立期的辅导员提升关心学生胜任力。

第三，在职业投入的中介作用下，辅导员胜任力的不同维度体现出不同的影响机制。综合胜任力的各个维度，物质支持和协会组织支持仅对部分胜任力维度具有显著的负向影响效应，且并不通过职业投入的转化；道德理性和主动行为胜任力仅受到通过管理服务投入转化而来的间接影响，并不能受到教育培训投入的间接影响；灵活决策和关心学生胜任力则可受到通过教育培训和管理服务两维度职业投入转化的间接影响。说明物质支持能直接作用于辅导员的胜任力发展，情感支持和工作奖励对胜任力发展的作用最为显著，而管理服务的投入则是辅导员胜任力发展的重要路径。

第七章 高校辅导员胜任力影响机制的深层探讨

第一节 研究问题与案例说明

通过定量研究发现，高校辅导员的胜任力受两方面因素影响较为显著，其一为职业投入的直接或中介作用，其二为情感支持，而组织所提供的物质支持及具体的政策支持则没有发挥预期中的显著作用。此外，研究还发现985院校辅导员的胜任力情况并没有达到预期中的较高水平，而211院校辅导员对组织支持的需求和反应都较为敏感。这些结论的深层次原因，都是定量研究难以完全解释的。因此，本章将在定量分析结果的基础上，采用质性研究方法，回归真实情境，对高校辅导员胜任力的影响机制与职业发展等问题进行深入分析。

需要指出的是，由于定量研究采用了辅导员自评问卷所收集的数据，对于研究重点关注的辅导员职业发展的组织支持变量，包括环境支持、政策支持和组织激励等，均为辅导员所感知到的组织支持的程度。也就是说，定量研究所呈现的组织支持为真正被辅导员所感知到的支持，而并非组织给予的全部支持。由此引申出本书的进一步关注，辅导员感知到的组织支持的影响作用缺失究竟是缘于组织支持本身的问题，还是辅导员感知过程中的有效性问题，这成为质性研究希望进一步发掘的。为了弥补定量研究在组织给予支持视角的缺失，本书在质性研究中，不仅收集了辅导员访谈资料，而且收集了辅导员相关职能部门领导的访谈资料。通过对这些资料的质性分析，从案例呈现和纵向梳理两个层面对辅导员的胜任力影响机制和职业发展情况进行更加深入的剖析。

在典型案例的分析中，研究聚焦了985院校和211院校的辅导员，并在不同职业发展阶段中选取了胜任力特点突出的案例进行呈现。此外，访谈案例辅导员也接受了《高校辅导员胜任力测验》，将四个维度的胜任力因子得分情况进行计算并呈现于案例分析中，有助于将案例特点与前文的定量结果结合分析。综合来看，研究用六个鲜活的辅导员职业发展案例，呈现了三个职业发展阶段中胜任力水平高低不同的辅导员究竟具有怎样的工作、职业发展甚至典型的个性特点；并且，希望通过这些案例，能够反映定量研究没有涉及的个性化问题，充实胜任力影响因素的分析。

组织视角的分析中，通过辅导员相关的职能部门领导访谈资料来进行组织支持提供视角的分析，与辅导员需求视角的分析形成对比。分析中梳理了定量研究仍存疑问以及研究重点关注的问题，着重强调组织支持对辅导员胜任力影响作用缺失的深层次、个性化原因，为组织支持体系的建立提供依据。

第二节 高校辅导员胜任力情况典型案例

案例一：LYD（形成建立期——学生导向型）

（1）基本情况。

LYD，男，26岁，社会学专业硕士研究生学历，毕业后应聘至一所211院校担任专职辅导员，并担任学院团总支书记，正式入职工作约半年，尚处于职业发展阶段的形成建立期。

（2）胜任力水平。

表7-1　　　　　　案例一（LYD）胜任力水平

代码	道德理性	灵活决策	关心学生	主动行为
LYD	1.3979	-0.9302	-0.6463	-0.2373

（3）案例分析。

LYD担任辅导员不到一年时间，是新手辅导员的典型代表。最初选择担任辅导员，他考虑更多的是客观原因，比如"解决户口，还有两个假期"，其次也考虑了辅导员工作与研究生所学专业的匹配，而对教育领域或者教师职业并没有除了"一份工作"之外的其他感情。

入职之后，他把全部的工作重心都放在了学生身上，也从学生身上汲取了几乎全部的职业动力。他觉得自己"作为一个外校来的工作者，虽然管理员机构能给我一些支撑，作为个体来说，从学生身上获得的动力也更大一点"。他喜欢和学生接触时充满"活力和激情"的氛围，也喜欢"花心思在学生身上，看到学生的成长和发展"给他带来的欣慰。入职时间不长，一次学生活动就给了他不小的震撼："对我影响比较大的就是班级建家活动。以前从来没有接触过这种类型的活动，有点被惊到了，以这种形式来展现班级的凝聚力是第一次看到。从一个旁观者的角度来看，觉得有的学院做得太高大上了，觉得自己得加把劲儿，在班级建设方面要多花些心思，不能只通过班干部来做班级建设，自己也有些小紧张。在班级建设回来之后和同学们也进行了一些交流，觉得要在班级建设方面多下功夫，要把精力投入班级荣誉感和班级归属感以及个人发展方面。"

与学生的亲密接触让他找到了工作中的差距，也获得了努力工作的方向和动力。但是，一切以学生为中心的工作方式也给他带来了职业中的困扰。他坚定地认为自己应该把更多的精力花在学生身上，只有与学生相关的事情才是"自己真正想做的事情"，因此，当"后半学期发现要处理大量的行政工作和团学工作，和学生聊天谈话的机会减少了很多"的时候，他开始觉得实际工作与自己对辅导员工作的预期有巨大"落差"。他的工作精力越来越多地被分解出去，"团总支工作占20%~30%，辅导员工作占30%，剩下的20%属于行政工作"，他开始觉得工作"杂乱无章、没有重心，很难集中做一件事情"，甚至出现了对行政工作的抵触情绪，觉得自己"对行政工作不在行，也不喜欢"，也因此不喜欢周围工作的氛围，"感觉大家都是很忙很忙，重结果、轻过程"。也是在这种主导思想的影响下，他对自身职业发展的认识还处于最基本的层次。他觉得辅导员最重要的胜任力是"人格魅力，专业教师靠的是专业知识，辅导员人格魅力很重要，因为要影响自己的学生"。同时，辅导员也要注重自身人文素养、个人情怀和知识背景的积累。对于职业上的发展与规划，他还没有考虑。

结合胜任力测验的水平来看，LYD除了在道德理性维度的得分水平较高之外，其他三个维度的胜任力得分均较低；尽管他在关心学生方面投入了很多的精力，但并没有体现出很强的胜任力水平。由这一案例可以分析出，虽然学生是辅导员工作围绕的核心，但如果一个辅导员把关心、陪伴学生作为自己的全部职业导向,甚至影响了其他职能的认同与发挥的话,对于个人职业的发展、胜任力水平的提升都可能存在影响。此外,由这一案例也可以引申出,"2+2"或"2+3"类型辅导员比例较高、兼职辅导员比例较高的院校,当他们仅承担学生的"生活辅导员"和"学生陪伴者"职能,并且他们个人的职业视野仅包含学生时,辅导员的职业发展也就无从谈起。

案例二:ZTY(形成建立期——成就导向型)

(1)基本情况。

ZTY,女,26岁,助教,就职于一所211院校,社会学专业硕士研究生学历,毕业后留校在学院担任专职辅导员,从事辅导员工作已一年半,曾荣获校级辅导员职业能力大赛的三等奖。本科毕业后曾以"2+2"选留学生干部的方式在学生处就业指导中心工作两年,主要从事学生就业咨询与指导工作。目前处于辅导员职业生涯发展阶段中的形成建立期。

(2)胜任力水平。

表7-2　　　　　　案例二(ZTY)胜任力水平

代码	道德理性	灵活决策	关心学生	主动行为
ZTY	-0.8756	0.9988	0.0155	0.7296

(3)案例分析。

ZTY从上大学起,就一直在现在工作的高校。本科毕业后她曾以"2+2"的身份留校工作过两年,其间虽然并没有担任辅导员,但这段工作经历却成为她选择留在母校、走上辅导员岗位的关键。除了对高校环境、高校工作的熟悉之外,她认为从性格的匹配、工作压力、简单的人际关系等方面综合考虑,辅导员对她来说都是一份性价比很高的工作。可以说,她是非常愉快地走上了辅导员的岗位。

她快速适应工作环境,学院搬往新校区后,她感受到学院对辅导员工作环境的重视,对学院提供的"优良办公环境"非常满意。她也从"与学生建立联系和信任"的过程中得到了心灵的触动,觉得"学生的认可与信任对于一个辅导员来说真是很大的欣慰"。与学生的相处,让她发现"自己其实也很能聊",激发了她对辅导员工作的认真投入,并从学生的反馈中得到职业的成就感。比如,她讲述了带新生的经历:"一次找两个刚入学的同学过来谈话，他们可以说是有一定的才华，给人的感觉就是你知道的我都知道，我知道的比你多，有种恃才傲物的感觉，当时跟他们说什么他们都满不在乎；但随着沟通的加强，他们逐渐发现能从我这里学到一些东西，后来慢慢地建立了良好的关系。"

与此同时，ZTY 还承担着繁杂的事务性工作，"比如说学生的日常管理、奖勤助贷、心理辅导，等等"，未来还可能增加党建、团建等职责。在处理这些工作的过程中，她不断进行深入思考与反思，她觉察到自己"有很多东西需要学，在很多事情方面都还有自己的想法，思考怎么能把工作做得更好，流程更加优化，把原来自己学的专业（社会学）知识运用到工作实践中；探索如何加强与学生的联系和互动，愿意多尝试，多学习"。

对于未来的发展，她也意识到"国家推行辅导员专家化、专业化发展政策大方向"，认为自己的职业发展需要与之相契合。因此，她结合个人的专业背景和兴趣爱好，选择了心理指导的专业化方向。在专业化提升实践的过程中，她感受到在现有繁重工作的情况下，可分配在专业化发展上的时间和精力严重不足，而她也在寻求更加高效的工作方法上不断努力。此外，她也意识到作为辅导员来说，"上升通道和发展路径还是比较窄"，未来自己可能面临发展的问题。但她更愿意把"做好手头上的工作，加强对工作流程的认识和把握，不断提升自己的能力"作为自己的短期目标，寻求扎实稳健的发展。

从胜任力的表现上看，ZTY 对于辅导员工作的胜任力水平较高，在灵活决策、主动行为和关心学生三个维度上的胜任力得分都比较高，尤其是前两个维度，这就说明通过自身努力的适应和扎实的学习与投入，辅导员能够快速地融入环境，加深对辅导员工作的认识，找到工作的着力点和自身的发展方向；并且，逐渐具备了胜任辅导员各方面工作的基本能力，快速向着职业化发展目标成长。由此可以看出，在熟悉院校环境和相关工作，又因本校留校而对高校、岗位有很深的情感交集的时候，辅导员的适应和发展都会更加得心应手。

案例三：HN（探索积累期——事务导向型）

（1）基本情况。

HN，女，28 岁，助教，就职于一所 985 院校，硕士研究生学历，毕业后留校在学院担任研究生辅导员，从事辅导员工作已五年半，其间两年担任"2+2"辅导员，现任学院团委书记，同时兼做学院的党建、招生、就业工作，曾获北京市"先锋杯"优秀团干部荣誉称号，每年参与工作相关课题研究4—5项，研究成果一般发表在核心期刊增刊上，目前处于辅导员职业生涯发展阶段中的探索积累期。

（2）胜任力水平。

表7-3　　　　　　　案例三（HN）胜任力水平

代码	道德理性	灵活决策	关心学生	主动行为
HN	-0.1200	0.2132	-1.6381	-0.0041

（3）案例分析。

HN虽然还很年轻，但从事辅导员工作已有五年多的时间，经历了职业的初步发展，也取得了一定的职业成绩。她的职业发展过程贯穿着对于辅导员岗位的艰难适应。

入职之初，她首先面临的就是个人性格与工作要求的磨合。她的"性格本身不是很外向很张扬的那种，刚开始当辅导员的时候就是感觉有点吃力。刚开始的时候要接触很多学生，学生的年龄又是很低的，各个部处的人都会来找你要个数据什么的，就会很忙……那个时候很迷茫，也很累心"。后来经过"慢慢调整、慢慢努力，见的多了经验也积累起来了"，才逐渐走出最初的适应阶段。

随着工作的深入，学科背景和工作习惯上的问题就显现了出来。由于她是"学工科出身，理论方面的能力差一点"，在一些思想政治教育相关工作上有些力不从心。而她又是"典型的处女座，一个事情不把它做完做好就觉得难受"，这也导致她在工作中"抬头看路比较少，大多数时候是在低头干活……任务下来了完成了就好"，把"习惯"作为工作的唯一动力。工作五年以后，由于岗位职责的调整，她开始负责团的工作。"领导现在对我也比较信任，很多事情他就直接交给我了也不问，之后看一下结果就好，整个过程就要我自己来把握"，这对她来说既是上级领导的认可，又是新的挑战和压力。

由于性格、专业不匹配等多种原因，HN的职业发展困难重重，但支撑她走下来的有几个非常重要的因素。其一是来自学生的情感支持。"我们这边（的学生）都是学工科的，考过来的成绩都是最高的；学生们也都特别乖，事情布置下去，他们都会去干，最后一定会给一个反馈；学生的心眼也比较少，比较实在。"她觉得"跟学生待在一起，看着他们慢慢地成长，越来越懂你的心思，大家磨合得越来越好，感情越来越深，最后这个团队解散的时候，看着他们一拨一拨地走，有特别深的感触"。其二是来自工作环境的支持。"我们这个团队非常非常团结，工作上是同事，非工作时间大家都是好朋友；领导也比较支持，我从毕业开始就跟着这个领导，我的一些风格、说话的语调，包括一些细节的东西都是受他影响，有很多事情有他的影子在"；"硬件条件也是不错的"；"就工作环境来讲，一共100分的话，我可以打90分"。

在这样的支持与坚持下，HN 也收获了自身的成长。"做辅导员这几年虽然特别累，但是我觉得不亏，因为它确实从各方面锻炼了我，也改造了我，改掉了原来的一些小毛病。你如果五年前见到我，我可能没这么多话跟你聊，我以前还挺内向的，虽然之前也做学生工作，但还是以干活为主的，说话说得挺少的。当时刚工作的时候，我的领导还断言说，你做不了辅导员。我自己感觉，包括身边的人感觉，这几年的成长速度很快。"

成长的同时，职业发展到这一阶段，她也开始面临未来发展的困惑。她感受到并对高校给予的培训、课题奖励和经费等大力的支持予以认同，却因"工作量确实很大，能给自己用来提升的时间不是那么多；尤其上班的任务量很满，有时周末都被挤占了"，再因"自己本身专业功底差，上学的时候没有学过这方面的知识"等，并没能从高校提供的种种支持中得到实际能力的提升。另外，她也面临"个人和家庭的平衡问题"，她开始权衡工作量，有些机会"即使对自己未来的发展比较好，毕竟我还是要照顾家里人，照顾孩子多一些"。她对自己未来的发展完全没有清晰的规划，对自己在辅导员岗位中取得职业成功并不看好。

HN 的胜任力水平也反映出她在工作中的状态，四个维度中，她仅在灵活决策维度获得了比较高的胜任力水平，说明她已经能够应对辅导员需要处理的各项学生事务性工作，与她"低头干事"的风格相呼应。HN 是辅导员岗位上适应起来比较困难、对辅导员职业前景并不抱希望的一类人群的典型。同时她也说明了部分985院校辅导员的特点，这类院校良好的组织发展环境给予辅导员充足的支持和锻炼机会，同时也对不同个体状况的辅导员提出了很高的工作要求，这种工作要求和自身状况的不匹配，导致了辅导员胜任力表现水平的偏低。

案例四：LQ（探索积累期——自我驱动型）

(1) 基本情况。

LQ，女，27岁，助教，就职于一所211院校，劳动与社会保障专业硕士研究生学历，毕业后留校在外国语学院担任专职辅导员，从事辅导员工作已三年半，其间两年担任"2+2"辅导员，并获校级"十佳辅导员"荣誉称号。参与过校级党建课题立项研究，并发表学业支持相关论文，目前处于辅导员职业生涯发展阶段中的探索积累期。

(2) 胜任力水平。

表7-4　　　　　　　　案例四（LQ）胜任力水平

代码	道德理性	灵活决策	关心学生	主动行为
LQ	0.7781	1.5027	0.1554	-1.3728

(3) 案例分析。

LQ从事辅导员工作三年半，她的职业基础比较丰富，既有两年的"2+2"辅导员工作经历，又有自己兴趣性格的匹配。她"擅长跟人打交道，跟学生比较亲近"，"有一定的创造力，喜欢把平时工作中遇到的问题总结一下写成文章"，使自己能够在工作中很快适应并找到乐趣。她坚定自己的职业选择，认同辅导员的"核心价值观"，"觉得在这个职业里面收获的比较多"。因而，她坚定地从事着辅导员职业。

工作当中，她在两个方面不断努力。一方面是努力把工作实践与自己的学科背景相结合。由于她"本科和研究生学的都是管理学，觉得职业规划、心理健康教育有的东西其实是和管理相关的。像党团建设和班级建设的话其实也是个团队的东西，党员和团员的发展更多的是从个人发展的角度去做"。另一方面是在工作过程中不断发现自己的问题，比如知识储备、实践经验和人生阅历等。比如，她发现当"学生遇到一些职业发展的问题，毕竟从自己的经历来看经验就比较少，哪怕就是当初作为学生的时候找的那些实习单位也没有几家，所以要是想从外面世界的角度给学生讲这些问题还是有些困难；但是学生对于辅导员或者这个工作本身的期望值又很高，就不太能满足他们"。这些问题能够引发她的深入思考；她则通过阅读感兴趣的相关书籍等方式，不断拓展自己的视野，丰富自己的知识储备和专业素养。希望通过这些努力,"把现实的问题更好地解决一些,也在解决问题的过程中让自己成长"。

LQ 对专家化辅导员也进行了比较深入的思考。她认为最大的困难就是"辅导员这个岗位涵盖的东西太杂了,工作特别忙,日常的事务性的工作就已经堆得很多了,没时间去做研究"。因此,"最重要的就是明确辅导员的角色定位"。她提倡国外学生事务工作者的发展模式,"分工专业更细致具体一点,比如有的只搞就业,有的只搞心理,这样出现专业辅导员的概率更大一点;明确一下辅导员发展的路径,就像去银行,有客户经理系列、柜员系列、后勤系列,每一个职业都有分系列的;辅导员晋升发展也应该有一些明晰、清楚的渠道,给每个人一个明确的选择,辅导员的生涯规划才能言之有物"。

而对于个人的未来发展,她更重视"努力的过程"而非"结果",她希望自己的职业发展应该是努力之后"水到渠成"的结果。事实上,在不断的自我发现和踏实努力的过程中,她的胜任力也呈现了较高的水平。LQ 代表了对辅导员职业的发展和自身的工作状况还是有一定的认知,个人发展意识和职业生涯发展方向都比较明晰,发展内在动机比较强的辅导员群体。这类辅导员发挥着重要的作用,也是具有专业化发展潜力的辅导员群体。

案例五:GZF(维持生成期——科研导向型)

(1) 基本情况。

GZF,女,33 岁,历史学硕士研究生学历,毕业后留校担任专职辅导员,至今已工作七年,现任学院党总支副书记,中级职称。曾荣获北京市青年岗位能手、北京市优秀辅导员(2 次)、高校十佳辅导员、优秀团委书记、优秀辅导员等多项荣誉,发表论文 7 篇,主持参与北京市省部级课题 6 项,校级课题 14 项,编著两部。处在辅导员职业发展的维持生成期阶段。

(2) 胜任力水平。

表 7-5 案例五(GZF)胜任力水平

代码	道德理性	灵活决策	关心学生	主动行为
GZF	-0.3996	1.6284	0.2192	0.5005

（3）案例分析。

GZF 从事辅导员工作已有七年时间。爱说话、天生乐观的性格，让她总能给学生带去正能量，也觉得自己特别适合辅导员工作。她也是毕业后留在本校当了辅导员，对母校有着深厚的感情，她常跟学生说："为什么我的眼中常含泪水？因为我对这片土地爱得深沉。"良好的文化氛围，真诚、友善的人际环境，其他老师对学生工作的理解和支持，加上优秀的辅导员团队，让她对这个工作环境有了"家"的感觉，更让她觉得工作中"有无穷的动力，没有理由懈怠，没有理由不去做到自己认为的最优状态"。

在积极的工作当中，贯穿了她对科研的喜爱。首先，她认同科学研究的视角。她认为"做任何事情都可以用科研的视角切进去，如果把问题意识和研究意识切进去就会找到很多答案"；这种视角也"可以用到工作上去，这样学生工作就可以渐渐成系统，系统抓起来之后，整个工作格局就不一样了；只有在提炼总结里才会形成很好的反思，才会推动工作下一步开展，这是一个良性循环"。其次，她善于把对某个学科领域的研究融入工作实践当中。例如，她本着个人对党史的喜爱，就以党建工作为依托，把心理和就业指导的很多内容融入党建工作当中，收到了不同的效果；通过和危机管理专家的合作，把危机管理的学术研究与自身所从事的学生工作结合起来，尝试做一个能够与新生入学教育相结合的新生研讨课。最后，她个人也坚持参与教学科研实践，并对其中的收获颇有感触。通过一门全校公选课的授课体验，她从学生的作业分享中看到，学生通过课程感受到她作为教师的"责任感"，她"对教师这个身份的敬畏、对国家的思考和个人的状态"都让学生们很感动，也让她从教学实践中收获了教师的成就感。

正是由于对科研的喜爱，她并不看重行政级别的提升。她有着对自己作为一个辅导员未来发展的期望。她希望自己能有机会"出去访学两年，或者去其他行业见习两年，跳出去看看其他领域会遇到什么问题，他们是怎样解决的，会直接刺激我们对本行业的思考"；希望自己能"跟外在的东西尽量少关联一些，比如职务、职称、论文数"，尽量排除外界的干扰，"每天能抽出时间让自己来学习、来反思"；希望能够"成为一个让学生喜爱的人，成为一个短期内就能让学生快速成长的人，成为一个陪伴一批批学生度过人生美好阶段的人"。

从 GZF 的身上，能够看到一名在科研领域发展较好的辅导员是如何把学术的思维、专业的知识和个人的爱好融入辅导员工作当中的，而她良好的胜任力水平恰恰说明了这种融合的有效性。GZF 的案例也说明，以研究为导向的专业化发展并非是辅导员一定走不通的路径，关键在于如何在工作中找到与学生发展、自身专业化发展的契合点。

案例六：ZY（维持生成期——外部驱动型）

（1）基本情况。

ZY，女，35 岁，讲师，硕士研究生学历，就职于一所 211 院校，毕业后留校担任专职辅导员，至今已工作 11 年，现任学院学生工作组组长，处于辅导员职业生涯发展维持生成期。

（2）胜任力水平。

表 7-6　　　　　　　　案例六（ZY）胜任力水平

代码	道德理性	灵活决策	关心学生	主动行为
ZY	-1.3669	0.1683	-0.6759	1.2281

（3）案例分析。

ZY 经历了 11 年的辅导员工作，已经进入了"内心比较平静"的成熟状态。她的辅导员生涯也经历了不同的阶段。起初充满了热情，加上自己性格外向，她喜欢"和学生在一起"，"会接触各种各样的学生，学生也会给我积极的反馈；通过四年或者更多时间的相处，有一种比较深刻的感情"，学生对辅导员工作的认可成了她职业发展的初始动力，也是她认为自己辅导员职业发展"一直以来的最大动力"。之后也经历了倦怠期，她认为"倦怠期应该是事业发展的迷茫期，其实也不能说是倦怠，不是你不想干，而是你不知道你未来会怎么样，没想好的时候可能工作的动力就不足，工作就会有很多困惑，思想上有很多纠结的事情在影响着你"，而解决这种不确定感的最好方法之一就是"自我的调整，还有自己的坚持"，在坚持当中慢慢改变状态。从倦怠期走出来之后，她才真正进入了辅导员职业的成熟阶段，"对工作有自己的想法"，"比较平静也比较热爱这份工作"，"向着国家所提倡的专业化方向努力"，已经把辅导员当成自己毕生的事业，"也不想做太多的调整"。

在 ZY 职业发展的过程中，她得到了两方面强大的支持。其一是良好的学院工作氛围，"在这个氛围当中，有什么困难学院都给予了大力的支持，这样工作起来就没有后顾之忧"。其二是学生给予的精神支持，"每带完一届学生他们离校的时候，和他们一起吃最后一顿饭，可能会觉得艰辛没有白付出，内心也会产生特别大的感动。当毕业的学生逢年过节还会给你一声问候，这些精神上的东西是辅导员的工作最大的收获"。

通过11年的努力，她已经成长为经验丰富的资深辅导员，与之而来的是更加繁重的工作和新的压力与困惑。一方面，由于"学院不太大，除了我以外还有一个专职辅导员，两个兼职辅导员，大家都缺乏经验，在很多具体的事情上面我可能还是需要去指导和亲自去督促"。她"本身要带300学生还要做学工组长，全院650人，我要负担一半学生，还要做学生党建，还要指导新辅导员的工作，要统筹全院的学生工作，还要完成各个部门下达的工作，还要有自己的创新，学院也会有要求学工去配合的工作"。"这些工作全部压下来，实在觉得难以承受，这样就分散了我的许多精力，使我没有时间去实现多年以来对工作的一些想法"。而依然被繁重的事务工作缠身，使她没有时间和精力去实现自己工作中和个人发展中的想法成为ZY目前"最大的困惑"。

另一方面，她"不喜欢把整个生活安排得特别紧"，希望能过"慢生活"，因而不会为了职业发展而打破自己的生活准则。"白天做了很多的工作，回去已经很辛苦了，晚上的时候不希望再去投入很多的精力做科研"，"工作和生活整体的目标还是不会让工作去影响生活，我不会牺牲一些正常的生活去做工作上提升的努力。（职业发展）必须是在保证我正常生活的情况下，我才愿意付出更大的努力，走得更远一点"。她安于职务职称的现状，认为"如果没有办法去改变的话，也不会付出更多的精力去追求这个"。

ZY的经历代表了工作年限较长的辅导员发展状态。工作年限和经历的增长，使他们已经能够熟练开展工作，也能够在辅导员或学生工作上独当一面，但他们的工作依然以事务性工作为主导。年龄的增长和家庭的压力，使他们安于现状，不再对职业的专业化发展有太多的期待，也缺乏努力发展的内在动力，很可能会长久地保持这种状态，成为"事务型"的资深辅导员。

第三节 组织视角的辅导员胜任力及发展支持机制分析[①]

一 高校辅导员胜任力特征差异

定量研究中,通过因子分析和验证性因素分析确定了高校辅导员胜任力的四个维度,即道德理性、灵活决策、关心学生和主动行为。通过质性访谈,研究得到了更为丰富的胜任力特征关键点,也可以看出组织对辅导员胜任力的要求与辅导员对自身胜任力定位的差异。

1. 院校组织视角下的辅导员胜任力特征

通过访谈,与辅导员相关的职能部门领导对辅导员胜任力特征要求具有较高的一致性,频次较高的胜任力特征关键词如图7-1所示:

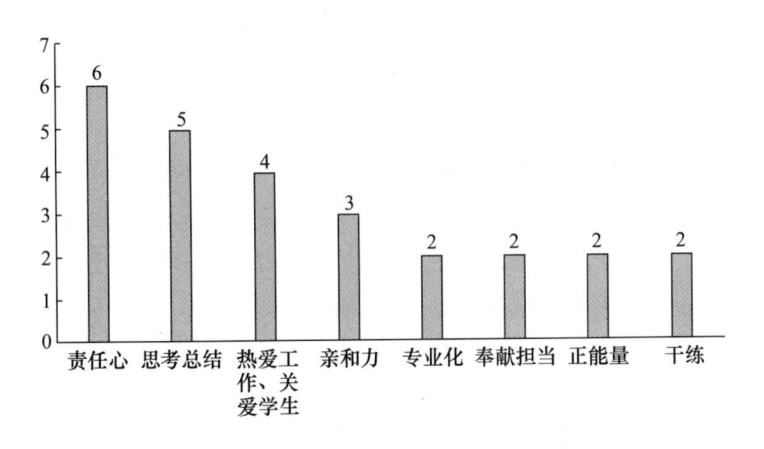

图7-1 院校组织视角下辅导员胜任力特征各因素的频次统计

职能部门领导普遍认为,责任心是辅导员做好学生工作的前提条件和根本保证。辅导员既是教育者又是管理者,其一言一行对学生的影响甚大,需要辅导员有责任心。"很难设想一个对教育工作毫无兴趣的人,一

[①] 本节中使用的访谈材料编码,"S"代表职能部门领导样本,"F"代表辅导员样本;数字代表不同的样本个体。

个见到学生就心烦的人,会努力做好教育教学工作"①。具有责任心的辅导员,会充满对学生的爱心和对学生工作的热爱,会认识到自己的工作对学生成长成才的重要性,把实现学生的发展当成自己的目标,会把辅导员工作当成事业全身心投入,因为很多时候没有人要求你去做什么,但不等于不需要你做什么。在高度责任心的驱使下,才会使辅导员爱岗敬业、奉献担当,才会忍受漫长的成果转换周期,"要把培养学生的核心价值观当成自己最重要的责任"(S3),责任意识需要贯穿在认真履行学生教育发展和学生管理服务的职责中,也体现在辅导员自觉提升自身专业素养的主动行为上。

辅导员既需要开展耐心细致的学生思想政治教育工作,同时也需要处理大量的学生日常事务,除了循序渐进做好本职工作外,更要善于思考和总结学生工作的规律及自身工作中的成败得失。反思和提炼不仅是辅导员胜任工作的需要,更是辅导员提升自我并进一步开展实践创新的基础。长期坚持及时的反思和提炼,不但可以不断提高辅导员自身的综合素质和工作能力,还可以提高辅导员的应变能力,当面对危机事件时,能够准确判断,果断处理,减少失误。

热爱工作、关爱学生是组织视角下的第三个辅导员胜任力特征。"爱的重要性不言而喻,热爱工作,关爱学生"(S5、S8),"要热爱自己的工作,只要接了辅导员工作,就要认同这个身份,认真做好分内的工作"(S6),爱岗敬业是对高校辅导员的职业道德要求,要求辅导员拥有热爱本职工作的热忱和对教育管理对象的关爱。

亲和力是辅导员与学生建立良好关系的重要基础。有受访的职能部门负责人认为亲和力就是"很容易和人接触,是一种能够和学生融为一体的性格"(S1),高校辅导员的工作主要围绕大学生的校园生活开展,具有亲和力的辅导员能快速得到学生的信赖,及时了解学生的需求和成长状况。

此外,受访的职能部门负责人认为辅导员的专业化水平、正能量、奉献担当精神以及干练的处事风格也是胜任力较为重要的特征。根据各项特征的频次统计,辅导员的责任心,热爱工作、关爱学生,亲和力等人格品

---

① [美]约翰·杜威:《我们怎样思维·经验与教育》,姜文阁译,人民教育出版社2005年版。

质特征得到受访者的高度重视，其次是工作能力特征，因此，组织视角下的辅导员胜任力特征在辅导员人格特质上更为凸显。

2. 辅导员视角下的胜任力特征

在对辅导员进行访谈时，笔者发现，辅导员对自身胜任力特征的理解与要求跟组织要求有较高的一致性，上述胜任力特征词除"亲和力"外均被辅导员提及。

"最基本的是责任心，任何一个事情交给他，小到通知一个同学，大到负责一个班级或者更大的活动，责任心太重要了。有了责任心，这件事情就可以认真地做完"（F18）。

"热爱这份工作，有敬业精神，喜欢思考，善于总结自己的工作，乐于奉献，吃苦耐劳"（F2）。

"关爱学生，多与同学交流，了解学生的需求，尽最大努力帮助同学们"（F5）。

"辅导员也需要自己的专业水平，不同类型的应该各有侧重"（F3）。

值得提出的是，大多数辅导员认为亲和力是自身的性格特点，认为具有亲和力的人适合从事辅导员工作，他们将其作为职业选择时的重要考量依据，但在胜任力特征关键词中，他们都没有将其作为重要特征。再有，辅导员对胜任力特征的侧重与组织视角不一致，他们认为热爱工作、关心学生是辅导员最基础、最重要的胜任力特征，其次是能力，包括组织管理能力、专业素质能力、学习能力。在热爱工作和关爱学生方面基本与组织领导者的观点一致。在能力方面，除了专业素质能力外，辅导员还认为需要有一定的组织管理能力和学习能力，"辅导员需要带动整个班级和同学们的成长，组织管理能力能够把班里的同学组织带动起来，对同学进行培养。现在同学成长很快，要和学生进行良好的沟通和交流的话，必须要先去了解学生，辅导员就必须要跟进，具备良好的学习能力"（F10）。耐心是辅导员第三重要的胜任力特征，"辅导员应该有耐心和爱心去理解和包容学生，这样才能把辅导员的工作坚持做下去"（F18），辅导员工作繁杂琐碎，常常需要周而复始地开展同类工作，随着职业生涯发展，辅导员需要有足够的耐心去面对，否则容易产生职业倦怠。此外，人格魅力、细心、政治立场坚定、主流意识等也是辅导员认同的较为重要的特征。

综合来讲，质性分析中对胜任力特征的描述与定量分析结果具有一定的匹配度，关心学生、道德理性等维度胜任力在质性分析中也有所体现。

同时质性分析也补充了对职业的热爱等主观性更强的原因。

二 组织对辅导员的工作期待与辅导员实际工作情况

定量分析发现，辅导员在职责认同和投入上有一定的差异，案例中也发现辅导员胜任力表现和职业发展很大程度上受到具体工作状况的影响。那么从工作内容的角度，院校组织对辅导员工作的要求与其实际工作状况又有怎样的差异值得进一步分析呢？

1. 组织对辅导员的工作期待

综合职能部门领导的访谈资料可以看出，院校组织对辅导员工作的要求或者期待主要包括以下三点。

第一，全身心投入，实现与学生生活无缝对接。

"要求辅导员 24 小时入住学生宿舍，周末轮流值班"（S2，211 院校）。

"辅导员的工作时间弹性很大，要求 24 小时在岗；在第一年里，要求所有的辅导员都要在分校区一年，与学生同吃同住"（S5，211 院校）。

第二，全方位发展，成为工作上的"多面手"。

"辅导员的要求是全能且又红又专，应该既可以搞科研工作，又可以干行政工作"（S2，211 院校）。

"辅导员对各方面了解都很多，跟高校所有岗位都有接触。之后，无论对于哪一个岗位都能够很快胜任。辅导员就是'千条线，一根针'的那一根针"（S5，211 院校）。

第三，全角度育人，形成育人合力。

"辅导员绝对不应该算作行政人员，而更偏向专业教师。专业教师是对学生进行专业化引导的，而辅导员则更像是'实践教师'，具有教书育人的根本，也具有自身的行业特点"（S3，211 院校）。

"大学的辅导员是大学的老师，必须要把自己工作的方向、目标、动力放在人才培养上，要与教育教学学科、专业形成共识，这样能够增加学生的效能，有助于把学生培养成有理想、有道德、信念坚定的学生"（S8，高职高专院校）。

2. 辅导员的实际工作情况

上述工作要求充分反映了辅导员的多重身份，以及院校对辅导员的多重期待。而实际的辅导员工作中，这些要求和期待很难实现。从辅导员访谈来看，辅导员的实际工作内容可以用"杂乱烦琐"来形容，辅导员的大部分工作是事务性的。例如,要全面负责所带班级学生的各方面情况,学业、生活和发展都包括在内;"日常管理、奖勤助贷、心理辅导等行政工作",很多时候一天的工作时间就耗费在"收表格、交表格"上;还有"党建、团建"等条块的工作(F1、F19、F12、F6)。辅导员整体对工作的感觉是"事务性工作太多,整天都很忙碌,可真要说做了什么工作的话又说不出来,很多工作比较琐碎,但是又必须要做,没有什么成就感"(F11)。

两个视角反映了真实情景下辅导员自身定位与工作职责的多重问题。国家、院校所提倡的专业化发展更多地站在组织视角,期望辅导员既可以成为学生的知心朋友,又具有为组织分忧解难、处理危机的能力;既需要具备行政管理和学术科研的能力,又能够充分发挥自身作为教师的育人使命,深入人才培养的实践当中。而现实中,辅导员被大量的事务性工作挤占了时间和精力,很难兼顾人才培养、学生教育管理、自身专业发展等多方面的职责。而以组织视角逻辑设计的辅导员职业发展支持体系,也往往会因为现实工作情况、时间精力不足等客观原因阻碍了效果的呈现。

三 环境支持对辅导员的影响作用

基于定量研究中对环境支持的分析发现,物质支持对辅导员胜任力的促进作用不及情感支持。实际情景中,辅导员对组织给予的环境支持有怎样的认识,造成物质支持影响效果的差异有没有其他原因,本小节将进行分析。

1. 物质支持的期望与实效

从院校组织的视角,往往把薪酬待遇和物质奖励等外在报酬作为对辅导员最直接的物质激励手段。组织立足于辅导员的实际工作付出,认为辅导员"真的很辛苦,应该从物质上有一些奖励"(S1),因而提供一定的物质支持,希望以此达到两个目的:其一,为辅导员的生活减少后顾之忧。"人生的追求之一就是物质追求,辅导员是一个生命体,有家庭的责任,这个需求是必需的,给他一定的薪酬,薪酬越高,后顾之忧就越少"(S8)。其二,有效降低辅导员的流动率。"通过健全辅导员发展渠道,辅导员也可以评定副教授、教授等职称,将辅导员纳入教师发展体系,从人才培养队伍、队伍配备以及经费支持等方面保持辅导员的低流动率"(S2)。

与此同时,大部分院校组织也已经从不同程度上认识到单纯物质激励的不足。比如，某 211 院校领导认为，"薪酬激励起不到多大作用，无法克服辅导员工作重复产生的倦怠"（S5），"薪资水平大家都差不多，与此相比小环境更重要一些"（S3）。985 院校职能部门领导 S1 认为，"光有物质也不行，还要在政策通道上、流动机制上（给予支持），高校和国家应该在这些方面下一些功夫；另外还要研究如何让辅导员安心，研究这个人是否适合做辅导员，怎么样让适合的人来，然后帮助他本人做职业发展规划，在这类政策上有一些个性化的考虑"（S1）。

而通过对辅导员访谈的相关情况发现，综合的物质环境支持的确没有起到激励或改变辅导员职业发展的作用。但在 21 个辅导员访谈中，有两个方面的物质环境被辅导员提及：其一，需要契合辅导员工作需要的办公条件。F11 举例说明，"比如说要找学生聊天或者访谈，了解学生的问题或者做一个辅导的时候，会发现找一个合适的地方很难。学院只有一个会议室，有可能在和学生约好的时间后又发现会议室有人开会，那就没有别的地方可去了，很尴尬。安排了学生的访谈之后，因为没有地方进行，可能要让学生回去，这样就很麻烦，但是随便找一个地方，那交流的效果也不好。工作的成果和工作的环境还是很相关的，就是希望可以设置一些谈心室或者聊天室之类的地方"。其二，子女的教育资源具有很大的吸引力。访谈中有两位辅导员都表示，"如果能够转岗到北大或者北师大，因为他们有附小、附中对孩子未来发展比较好"，他们一定会考虑（F19、F8）。也说明了辅导员的真实需求与政策所提供的支持有所差异，这也导致了现有支持促进效果不明显。

2. 情感支持的期望与实效

情感支持对辅导员胜任力水平产生了非常显著的影响，这与辅导员工作的特点紧密相连。一方面，组织重视给予辅导员适当的情感支持；另一方面，辅导员对情感支持有着很深的依赖。

从组织的视角来看，院校组织及相关领导从多角度出发，充分意识到情感支持的重要性，并给予辅导员多种多样的支持，比如精神激励、表彰、信任、给予挑战性的工作、及时的指导和成就感，等等。

"辅导员精神追求体现在其社会地位和社会尊严上，社会地位和职业发展是有关系的，精神激励体现在别人对辅导员的认可上……获得的表彰多，单位和社会表彰都行，他做得好，组织要说出来"（S8）。

"辅导员本身就是一个良心活，需要爱和信任。因为我觉得我们从管理者这个层面应该给予辅导员爱和信任。对于年轻人来说，他们本质上是求上进的，是有发展空间的，信任是可以激发学生最大的潜力的"（S5）。

"一个就是让辅导员自己做这份工作要愉快，要有成就感，告诉他们在高校做这么一个育人的工作是很有价值的；哪怕你一辈子做一个辅导员也是可以很成功的"（S9）。

"我一直坚持对辅导员要'远远看，仔细看'。领导要给辅导员心理上的支持，要让辅导员看到改进的方向；但是也要注意支持的频次和结构，抓得太紧反而会限制了其自身的发展，一般每学期1~2次定期的交流就可以；高校也要适当地督导，比如通过述职的形式，可以促进辅导员对发展的思考与反思"（S4）。

从辅导员的角度来看，情感支持对他们的影响主要体现在以下几个方面。

第一，本校留校辅导员对熟悉的院校环境的眷顾。"一份工作，不能只看薪酬的高低，工作环境以及相关的附带条件都要充分考虑。对于个人而言，在这里工作虽然条件有点紧张，但毕竟这是自己的母校，对这里的工作环境很熟悉，各个工作环节都很了解。所以不太会考虑转到别的高校工作"（F4）。

第二，学生与辅导员的互动支撑着辅导员的发展。"与学生一同成长，学生的成长驱动我。就是我对这个工作还挺热爱的，咱们的学生都非常优秀，优秀的学生必须配备合格的辅导员。不然学生优秀，你老师平平庸庸的，不匹配"（F9）。

第三，同事与领导给予的人文关怀更加暖心。"我们这个团队非常非常团结，工作上是同事，非工作时间大家都是好朋友；领导也比较支持，我从毕业开始就跟着这个领导，我的一些风格、说话的语调，包括一些细节的东西都是受他影响，有很多事情有他的影子在"（F12）。

从上述分析中可以看出，来自高校环境、学生、学生工作系统和直接领导对辅导员的情感支持支撑着辅导员的工作投入与成长。

四　高校辅导员政策支持预期与成效

前文中提到，不论是从国家层面还是院校层面，对辅导员队伍建设、辅导员专业化发展都给予了很大力度的政策支持，但这些组织支持却没有在高校辅导员的胜任力影响机制中得以充分体现。那么，这种影响的缺失出现的原因是什么？这一部分将就这一问题进行更加深入的剖析。

1. 院校组织在高校辅导员政策支持方面的设计

从政策支持设计上，各高校进行了不同的努力。在培训学习方面，院校针对辅导员工作的特殊性和复杂性，将辅导员队伍既纳入高校师资队伍管理和培训，又针对辅导员群体制定了专业化培训方案，形成一套比较科学、完备的队伍培训体系。受访者认为对辅导员全过程的培训和全方位的培训非常重要，高校提供了一定的培训经费支持和发展平台支持。例如：

"我们高校有专门的培训经费，送辅导员到 UCLA 学习，或者通过挂职、多岗位锻炼的机会让辅导员到差异大的地方去体会和学习。再如，我们每年都选派 2 名辅导员到教育部的辅导员基地培训学习；和全国 5 个高校有交流协议，派辅导员过去挂职 1 个月；每年还会派 2 名副书记到海外学习，拓展海外视野；选派辅导员到 985 高校，到上海地区参观学习；给辅导员提供攻读哲学、社会科学学位，晋升学历的机会"（S4）。

"我们有一个辅导员的培训计划，包括岗位培训、专题培训、专业能力提升培训、团建培训等，设计很全面和到位"（S6）。

"从高校角度讲，第一，提高辅导员培训的广度、深度、宽度，拓宽培训领域；第二，多关心辅导员的发展，不能不管、不问、不顾，要有团队意识；第三，注重对辅导员的心理培训，平时多开展团体工作坊等活动，增强辅导员自身的免疫力。从学院角度讲，一定要把辅导员作为学院队伍中的一员，真正把教学、科研和学生工作紧密结合起来"（S6）。

"设计了在岗培训（主要包括日常以及专题性培训）和岗前培训。在岗培训含七类方向：心理教育，学生事务管理，党团建设，网络教育，校园文化建设，学业发展，职业规划"（S2）。

在进行各种培训体系设计的过程中，越来越多的院校组织也注意到由于辅导员个人经历、发展阶段以及认识存在差异，而带来的不同培训需求。例如：

"应当在初期有培训，中期有提高，如案例分析等。这个培训应当是有梯级的、分层次的培训，让辅导员更好地成长"（S1）。

"工作中的培训是分阶段来推进的。比如，对一个新人，第一年培训什么，第二年培训什么，根据他遇到的事情来培训"（S9）。

"辅导员个人经历以及认识存在差异，高校应当根据不同群体、不同特长分门别类调整培训"（S2）。

院校组织无论是在培训进修还是在职务职称方面的支持，都是本着能够帮助辅导员个人成长和职业发展所设计的,希望能够给辅导员提供适当的发展平台。

2. 辅导员视角的政策执行力度与实效

通过分析发现,有着良好设计初衷的政策支持在落实到辅导员个体时,出现了新的问题。

首先,来自不同院校的辅导员,均从不同程度上感知到政策支持,尤其是培训进修的支持力度,对于政策设计的初衷、组织所做出的努力还是非常能够感同身受的。

"对新入职的辅导员会有很大的作用,对于我们掌握某类技能的知识有很好的帮助"(F14)。

"高校派我们出去参加各个层面的培训是非常多的,高校对这方面特别鼓励,包括职业生涯规划等学习,都是由高校出资,这些是高校做得非常好的方面"(F12)。

"从培训学习的角度来看,高校给予的支持也很大,高校每年都会有培训"(F7)。

其次,辅导员也发现并反思了现有政策支持的问题。

政策执行情况不佳。"最近我们高校刚发了一个文件,就是整体对辅导员支持的力度还是挺大的,但是大家对这个文件能不能执行,都打了个很大的问号。就是现在高层的想法很好,但是下面基于各种各样的原因,一些现实的因素,很多的政策其实都是执行不了的,就是这样的一个问题"(F12)。

客观影响因素过多。"主要是事务性工作量比较大","培训与工作冲突,抽不出时间"(F12、F9)。"时间上说,一些零散的培训,例如讲座,有的时候确实会影响到我正常的工作"(F7)。"有一些零碎的培训效果并不是很好,这些培训会占用很多时间,本身辅导员的工作就比较繁杂,如果有一段时间安排了很多讲座,那么可能在时间上就有一些冲突。比如说一些专业化的培训,地点在高校里面,在参加讲座的过程中可能会在中途因为有事而中断了会议,回来之后就会发现内容衔接不上,影响了效果"(F11)。

培训设计质量较低。"培训效果不太好,需要加强培训系统化和专业化的顶层设计"(S7),"再一个就是感觉专题的培训,系统性不是很强,会有一些培训就是找几个人来讲一天,但是这个人讲这个角度,那个人讲那个角度，就听得很热闹，但是最后不能把它运用到自己的工作当中"（F12）。

高端培训力度不足。"有一些培训机会、外出交流的机会，但是毕竟僧多粥少"（F9）。

与实际需求契合度差。辅导员普遍对"国内国际的研修"期待更高，尤其是国际研修。很多辅导员"因为国内的参加得差不多了，很想出去看看外面是什么样子，开阔视野，看看别人的工作是怎么做的"（F8、F11）。另外，辅导员对分阶段、分群体、有针对性的培训有更多的需求，例如"刚开始入职的话需要基础的培训，因为他们不知道自己要做什么，应该了解一些事务性的工作；工作了一段时间以后，就会发现一些问题，对这些问题要进行指导，应该讲一些具体的案例，再一个就是要走出去，和工作年龄差不多的人交流，这个是有利的；再长的话就是要考虑到个人的发展，是转岗还是进一步发展，如果进一步发展的话，就要进行更高等级的培训，基础性的培训已经不起作用了，需要专家型的培训，这样的效果会好一些"（F19）。

由上述分析可见，政策支持失效的原因并不完全在于政策本身，而更多地在于客观因素的困扰，与辅导员需求的匹配度和培训项目质量等。因此，提升政策支持的实效是高校辅导员发展支持机制的关键。

五　高校辅导员职业发展面临的困境

1. 院校组织视角下的辅导员发展规划

不论从队伍建设的角度还是从高校发展的角度看，院校组织都希望辅导员在工作上和个人职业上有所发展。从组织的视角看，也为辅导员的生涯发展进行了一定的设计。高校在整体上对辅导员岗位进行规划设计，在要求辅导员完成相应工作的同时，以辅导员的长远发展为高校人事工作的核心目标之一，通过建立科学合理的流动机制，使得辅导员队伍朝着健康有序的方向发展。具体的路径规划如下。

"第一条是职业化道路，将来是职业辅导员；第二条是从行政职级上发展自己，竞聘行政领导岗位；第三条是职业教师道路，继续深造，之后成为专职教师；第四条是输送辅导员到其他党政机关任职"（S5）。

"首先辅导员可以职业化，可以设定级别，如一级到九级，九级可以横跨至教授，工资与教授相同；另一条路是往行政转，做几年辅导员之后，在高校各个部门任职，另外辅导员在全国各校之间是打通的，可以跨出高校去外边工作，但量比较少"(S8)。

"第一个阶段是2—3年，这是一个初级阶段，主要是熟悉了解学生思想政治教育的一些基本规律；如何和学生搭建一种信任的关系。第二个阶段是4—8年，他们已经具备了比较充足的经验，前期应当有一些关于心理的、职业发展的、思想政治等方面的培训，他们应该能够独立地非常顺畅地去处理学生的一些基本的问题，在这个阶段还可以对自己感兴趣的问题进行一些初步的尝试和研究，比如说学生的拖延症问题等。第三个阶段应当是一个专家阶段，但从现实情况来说，做辅导员能做到10年以上的非常少，做到10年基本都是副书记了。在这个阶段，应该有所专长，对某一类问题比较擅长"(S1)。

从对职能部门相关领导的访谈当中，可以梳理出目前辅导员如按行政序列发展的有效路径，如图7-2所示：

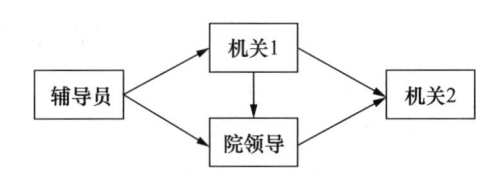

图7-2 高校辅导员行政序列发展路径

辅导员在校内按照行政序列发展，一般转岗至职能部门或机关、学院的行政管理岗位，但也有不同的路径。第一条可行路径是先转岗到机关，后回到学院担任与学生工作相关的基层领导，最后晋升至行政部门担任领导；第二条是由辅导员转岗到行政机关，然后再在职能部门之间转岗或晋升；第三条是由辅导员晋升为学院的基层领导，然后向职能部门转岗。当然，这样的路径在实际发展当中还会受到多种因素的影响，辅导员能够成功走通类似路径的仅占少数。

事实上，院校组织也一直在反思辅导员职业发展中的种种问题，也已经意识到部分问题。主要问题包含以下三个方面。

第一，在发展通道上，缺乏晋升流动机会，辅导员容易在职业发展中失落、迷茫。辅导员是高校教职工中的一员，肩负着管理者和教师双重身份，从管理者身份角度看，辅导员作为行政管理人员可以通过行政职级获得晋升；从教师身份角度看，他们应与专业教师一起进入专业技术职称评定，但很多高校并没有设置单独的辅导员专业技术职称序列。

"主要的障碍是在职称上，缺失一个专门的辅导员序列的职称"（S9），"如果不让辅导员有教师序列的话，一是他的身份不明确，再有就是他脱离了教学岗位，也缺少了跟学院互相依托的平台"（S6），"辅导员应该在全国各校之间打通，但很少有跨出高校去外边工作的"（S8）。

第二，在认同度上，辅导员的组织认同度与社会认同度偏低，容易影响自我的职业认同感。

"在现行的体制下，或者说在人们的心目中，辅导员并不是一个职业。不管是从它的工作性质还是人们心目中对它的看法，它是一个行政管理干部"（S1）。

"内部障碍是高校对于学生工作在几大工作系统中的重要性怎么摆，高校怎么看待学生工作队伍"（S9）。

"辅导员职业发展最大的障碍还是来自职业的定位和内涵问题，大部分人还是把辅导员定位成了简单的管理岗，加上职业内涵不清、成长阶梯和发展路径不明晰，就导致了辅导员什么都干的状态。学院一般还会把辅导员算入行政队伍，这都导致了辅导员工作杂乱、疲劳"（S4）。

第三，在专业化发展上，辅导员工作具有复杂性，导致辅导员难以走上专业化发展道路，成为职业领域的专家。

"辅导员职业发展的最大问题是承担的事务性工作太多、职责不清、身份过多，在这种情况下实现辅导员的专业化发展是不现实的。要想达到专业化，需要将辅导员的概念进行梳理，明晰其内涵，把职责定义清楚，否则辅导员无力专业化"（S3）。

"工作重复容易产生倦怠，辅导员这个职业很容易产生职业倦怠，因为这个职业太重复了，四年一届，其实这个过程是很枯燥的"（S5）。

"它是向专业化发展，但至少在人们的思想认识中它并不是一个职业，不是一个专业，如果辅导员变成类似数学老师、思政专业课教师那样有明确的学科归属，流动性问题就迎刃而解了，可以把它作为一个学科来发展，现在还很难做到这种地步"（S1）。

2. 辅导员在职业发展中的实际困难

从辅导员的视角看，他们的职业发展也存在很多的实际困难，这些职业发展的困难与院校组织的意识具有较高的匹配度。主要问题包括：

第一，上升通道不足。"虽然上级的教育部和教工委都非常强调这个问题，但目前来看，发展路径还是比较窄"（F1）。

第二，职务晋升困难。"辅导员是一个实践性的职业，而不是研究性的职业，研究做得好不一定带学生好……但高校依旧以研究成果为评定的主要考虑因素，希望高校以后能给一个副教授之类的职称，应该把职称评定和工作性质科学地结合起来"（F7）。

第三，工作烦琐杂乱。"最大的阻碍就是没时间去做研究。因为辅导员的工作特别忙，日常的事务性的工作就已经堆得很多了，要做好研究我觉得要非常大的投入，而且这在两者时间、精力把控上面有一定的困难"（F4）。"既要带好学生又想成为专家型辅导员是基本不太可能的"（F21）。

第四，政策影响敏感。目前政策环境变化较快，包括国家层面及高校层面的相关政策，辅导员难以把握政策的发展走向，对职业发展前景担忧。

"从发展的角度讲，现在感觉还不错，不过说实话，你让我再往远处看，以后辅导员这个行业的发展趋势是怎么样，现在国家也在不断出台教师管理的一些政策，但是将来到底能不能在学校有效地执行或者说政策的稳定性、配套性上我们还是有顾虑的，毕竟以前的这种有政策但执行不了的先例太多了"（F11）。

"可能阻碍自己职业发展的最大原因是社会发展、国家的教育理念、辅导员行业的大环境等外在因素"（F2）。

"政策方面的导向希望能更加具体化，这样会使我们辅导员有更好的职业发展定位"（F14）。

第五，工作家庭双重压力。尤其是很多女教师，一旦"有孩子了，觉得分身乏术，还有就是，实践的经验已经挺丰富了，当时应该从实践提升到理论，但是因为有了孩子，没有太多的精力了，这是女老师都会遇到的一个问题，很多东西实践了很多年非常想写出来，但是苦于没有时间"（F9）。

第四节 本章小结

本章运用质性研究方法，对辅导员和相关职能部门领导访谈资料进行质性分析，主要得到以下结论。

第一，在不同的发展阶段，辅导员呈现出一些典型的特点，具体可由六个案例来代表。在形成建立期的辅导员主要处于职业摸索的状态，但其适应和发展的状况会影响其胜任力水平的表现和职业选择；探索积累期的辅导员普遍处于职业化发展的状态，对辅导员及相关职责的认同程度、对职业的理解程度等会导致不同的职业发展状态和胜任力水平；维持生成期的辅导员基本进入了专业化发展状态，但专业发展的侧重点和目标有所不同，如发展不好会面临职业生涯停滞或职业发展缓慢等问题。

第二，院校组织对辅导员胜任力的期望与辅导员自身理解有一定的差异。院校组织往往对辅导员所能发挥的作用寄予了过高的期望，而辅导员实际工作却被大量的事务性工作所占领，由于主客观条件的限制，很难达到组织的期望。

第三，辅导员对物质支持的期待不高，而情感支持中，院校环境的熟悉、学生的支持和领导同事的支持对辅导员职业发展和胜任力表现发挥了重要的作用。而政策支持作用的缺失并非因政策本身不好或没有被辅导员感知，主要缘于政策的执行与细化、与辅导员真实需求的匹配以及受到工作时间、精力等客观因素影响而发挥不出应有的效果。

第四，从辅导员职业发展来看，虽然院校组织为辅导员的职业发展进行了一定的政策规划，但实际发展中仍存在上升通道不畅、职务晋升困难、工作边界不清以及经济、家庭的双重压力。

第八章 结论与建议

第一节 研究发现与讨论

综合定量研究及访谈、典型案例的质性分析，本书全面呈现了当前首都高校辅导员队伍建设和发展现状，刻画了其胜任力表现和发展水平，并深入探讨了辅导员胜任力的影响因素和影响机制。主要研究发现可归纳如下。

一 高校辅导员队伍整体发展，但并未进入明确的专业化阶段

研究结果显示，首都高校辅导员是一支年龄结构较轻的工作队伍，低职务低职称群体占比较大，队伍的专业背景多元，学科领域广泛。在近年来国家和地方政府、高等院校的政策支持和共同努力下，辅导员队伍职业化建设取得了长足发展，首都高校辅导员队伍整体数量配备达到国家标准，辅导员的工作环境、物质条件得到较大改善，来自高校组织的职业发展政策支持和工作激励也有一定显现。

但同时研究亦发现，辅导员队伍建设取得成效的同时，辅导员职业化进程仍有很多问题显现，如辅导员配备不到位、职务职称结构不尽合理、职业基础准备不足、事务性工作繁重、职业发展路径不明晰等。高校组织的政策支持也没有取得较好的推动效果，虽然辅导员对来自培训进修支持的感知度较高，但辅导员的专业化发展成效不高。此外，辅导员对其总体工作职责构成有一定的区分，但对其具体职责的认同和投入具有较大差异，反映了辅导员职责定位不清的现状。

二 辅导员胜任力结构清晰鲜明，内涵多元丰富

研究结果显示，四维度的辅导员胜任力结构模型拟合度较好，可信度较高，该结构从任务绩效和关系绩效两个层面刻画了辅导员的胜任力，表

现出较为丰富多元的内在含义。关心学生和灵活决策胜任力立足关心爱护学生和工作协调执行，属于任务绩效方面的胜任力；道德理性和主动行为，属于关系绩效层面的胜任力。该结构模型基本涵盖了原则性、公平公正、诚实正直、决断力、洞察力、创造力、灵活性、关爱学生、宽容心、责任心、主动性、计划组织能力、自我调整能力等胜任力特征。这些特征表现与质性研究中辅导员自我定位和组织层面的界定高度吻合。可以说，本书所得的胜任力结构模型具有较好的使用价值。

三 辅导员胜任力表现与发展水平因院校类型、发展阶段和岗位类型而异

研究结果显示，辅导员胜任力总体及其四个维度在院校选拔性、岗位类型和发展阶段三个方面呈现出不同的表现水平和群体差异。从院校选拔性来看，胜任力总分随着院校选拔性的提高而逐渐降低，这除因各院校辅导员队伍结构特点和组织管理模式不同外，还直接与院校对辅导员岗位的职业要求、工作资源配置和高校层次不同有关。从岗位类型来看，由兼职辅导员、一线专职辅导员到专职辅导员，其胜任力表现逐渐由偏向到均衡，这与不同岗位类型的辅导员工作投入的着力点和学校要求不同有关，兼职辅导员多因岗位涉及面广、工作精力有限等原因，无法在发展提升类的胜任力上有所建树，更偏向表现出任务绩效方面的胜任力，一线专职辅导员是辅导员中的中坚力量，关系绩效层面胜任力表现更为突出，而专职辅导员多为院系学生工作中层管理者兼任，要求其各方面均要有所兼顾，胜任力表现和发展较均衡。从发展阶段来看，辅导员发展阶段越高，其胜任力表现和发展水平也越好，其中关系绩效层面胜任力水平到维持生成期呈现出较大幅度的提升。综上可知，辅导员胜任力在不同的职业要求下有不同的体现，同时通过各自的岗位实践过程呈现出差异化的特点。

四 组织支持中情感支持和组织激励对辅导员胜任力正向作用较大，政策支持作用有所缺失

研究结果显示，组织支持体系中，情感支持和组织激励对高校辅导员胜任力水平的正向影响比较显著，尤以情感支持的正向影响最为广泛和有效，这与辅导员职业动机倾向相符，情感支持和组织激励与其内在动机关系更加密切。同时，研究结果令人深思的是，从整体来看，组织支持中的政策支持没有对辅导员胜任力起到较好的促进作用，对于个别胜任力维度反而存在显著的阻碍作用。这个结果与研究假设出入较大。近10年来，

辅导员队伍建设的政策支持力度很大,但收效却不大,深究其原因,问题可能出在政策的落实和实施过程。访谈中,辅导员反映职务职称政策在很多院校并未得到有效落实,职务晋升和职称评聘"僧多粥少,高不可攀";培训进修力度倒是很大,但计划性、体系性和层次性不强,系统性和深入度不够,对辅导员胜任力的提升作用不大,过度培训还造成精力分散,影响了其应有的工作投入;辅导员协会组织目前尚属起步阶段,还没找到准确的定位和有效的运行机制,在辅导员群体中的影响力不够,更多的是职能部门"搭台唱戏",辅导员自主选择的项目较少,辅导员表示对其胜任力作用不大。

五 职业投入对辅导员胜任力具有重要影响价值

研究结果显示,辅导员职业投入对其胜任力水平的积极影响要高于组织支持。职业投入基本上对辅导员胜任力均具有正向影响,同时职业投入还能作为中介,对某些组织支持进行有效转化。职业投入的重要价值与辅导员工作的特殊性密切相关,辅导员主要是做人的工作,如果仅有理论知识和职业技能,没有深入具体的学生思想、管理和服务等实践活动中,辅导员的工作绩效就无从谈起。因此,作为职业成就感较强的高校辅导员群体,组织支持为辅导员持续的工作投入创造了良好的环境,促进了辅导员与学生多方位的交往互动,从而有效提升了辅导员的胜任力。正像辅导员常说的,学生工作是一门实践性很强的学科,辅导员是高要求、高奉献型的职业,成就的取得都是一点一滴干出来的。

六 辅导员胜任力及其各维度的影响机制有所差异

研究结果显示,在职业投入的中介作用下,辅导员胜任力及各维度表现出不同的影响机制。综合看来,组织支持因素中,情感支持对辅导员胜任力有着最为显著的促进作用,其次为组织激励,而职务职称和培训进修支持仅能通过管理服务职责进行中介转化后才产生影响作用。同时从胜任力层面看,任务绩效层面的胜任力可以受到两个维度的职业投入转化而来的间接影响,而关系绩效类的胜任力仅能受到通过管理服务投入转化而来的间接影响。这说明在当前情境下,管理服务的投入是辅导员胜任力发展和提升的重要且有效路径。

第二节 促进辅导员专业化发展的高校组织支持策略

高校辅导员大部分是通过层层选拔而脱颖而出的优秀大学毕业生群体,他们有较高的政治素质、心理素质和较强的活动组织能力,他们职业选择内在动机较强,他们年轻而又充满创造性,他们热爱学生,也对自己的职业发展充满期待,在胜任学生工作的同时获得了成就体验和成长动力,为自我身份认同奠定了良好的基础。然而,外在结构性力量的影响和约束,自身角色认同的困惑与双重身份的尴尬,工作资源的局限、发展方向的迷茫和负面的心理体验,这些都影响着辅导员身份的自我认同,也影响着他们的工作满意度和工作状态。

从组织行为学相关理论和模型可知,人的行为是由动机唤起的,人的内在需求是动机萌生的前提。相对于将物质需求或生存需求作为工作动机的企业员工而言,高校辅导员特殊的职业特性和其职业准备阶段学生干部的经历使其具有很强的成就需求和亲和需求。因此,无论辅导员的个性如何,其对成才和被学生接纳的期望是一种实存的普遍状态,只不过辅导员的专业化发展还没有得到高校环境的广泛认同和相关条件的支持,很多政策与辅导员的需求不配套,如果高校的支持策略能将辅导员这种需要唤起,由此形成的发展动机是非常强烈的。

一 加强角色认知,深化对辅导员发展的理念认同

从研究背景可知,与美国高校学生事务制度的内生性、服务性和个性化相比,我国高校辅导员制度具有外生性、政治性和社会性的特点,政工干部是其本体定位,辅导员并不具有独立的职业地位。[①] 因此,辅导员专业化发展是政工干部专业化派生出来的,并不具有职业专业化的实质性意义。随着教育环境和教育客体的深刻变化,辅导员的角色、身份更加多重多元,职责呈现扩展派生的态势,已从单纯的思想政治工作者扩展为学生教育和管理的组织者、指导者和实施者,辅导员的工作已从单一的思想政

---

① 杜向民、黎开谊:《嬗变与开新:高校辅导员制度发展研究》,中国社会科学出版社2009年版。

治工作和行为管理扩展到心理健康教育、生涯规划指导和学业指导等。但在院校层面，由于学界对于辅导员在学生发展、人格塑造方面作用的学理阐释不足，加之传统思维惯性的影响，致使包括高校部分领导和教师在内的一些人对辅导员的理解局限在"政工干部"的角色，很少从教师和教育的角度对辅导员工作进行价值判断，相对于政工干部角色而言，辅导员"过渡性"角色特征更加明显；相对于教师岗位的专业性，辅导员岗位的"功能性"特征明显。

辅导员从制度外生性向教育内生性发展是高等教育人才培养的内在必然。人才培养作为高等教育的核心目标，辅导员不仅承担着政治上的"导向"功能，也承担着学业上的"辅助"功能和学生综合素质的"外塑"功能，在高等教育新的"学习范式"下，辅导员与其他人员成为共同创造学习环境和促进学生学习的支持者，辅导员的角色建构与高等教育发展也日趋统一与融合。但在功能发挥上，高校管理者和教师更认同辅导员管理学生方面的胜任力，而对于学生教育引导方面的胜任力外部评价、学生评价和辅导员自评都不高，加剧了对辅导员教师身份与教育引导职能的不认同。因此，高校组织一是要从理念层面强化师生员工对辅导员教师角色和教育职能的认识，夯实辅导员岗位存在的理念基础。二是要从管理层面科学界定辅导员工作职责，理顺辅导员的管理体制，确保辅导员"职责清晰、事出有门、管理有序"。三是要从实践层面加强学生事务与学术事务的融合。以美国高校为代表的国际学生事务协会认为："高等教育要为学生提供一套全面的课堂外的服务和项目，同时也要重视学生事务与学术事务的互补"，因此，高校要围绕提高人才培养质量的核心使命，将辅导员的思想政治教育工作融于学科发展、专业发展和学生的综合素质发展中，将外在的学业要求内化为学生内在的学术追求，将辅导员外在的管束权力变成内在的人格魅力，形成课堂内外有效的衔接与融合，促进辅导员知识理性和教育理性的统一。四是从理论层面完善辅导员制度的理论建构，依托思想政治教育学科的发展，立足高校学生培养面临的一些新问题，对辅导员工作与学生发展的关系进行全面的理论阐释，对学生思想政治教育、学生管理和发展辅导的方法进行深入的本土化研究，形成具有中国特色的大学生教育、管理和辅导理论体系，强化辅导员发展的学科基础。这既是国外学生事务管理制度发展的成功经验，也是在学科论定位的高校提高辅导员专业地位的重要措施。

二 合理建构制度，强化辅导员发展的制度认同

控制制度供给，防止"制度过密"。从研究背景可知，2004 年以来，高校围绕辅导员队伍建设的各类制度迅速建立并不断完善。质性访谈中辅导员也反映：各方面的制度规定越来越细，经常是"疲于应付"，很少能静下心来思考和体会。因此，要保证辅导员教育职能的顺利实施，确保教育效果，就要尽可能减少辅导员工作过度的、无序的制度嵌入，按照"适度制度化"的原则检视和清理现有的制度，增强制度供给的实际效用和价值，防止辅导员工作中"制度过密"趋势加深。

以制度规范辅导员职能，解决角色冲突。辅导员既从属于高校思想政治教育队伍，具备组织、宣传、教育和育人等职能外，还要兼备高校教师和管理干部双重身份所带来的职能，这些职能均需要科学化、规范化和明确化。[①] 因此，在政策制定方面应注重突出辅导员思想政治教育功能的主体性，通过制度规范，将本应由教师、管理人员和服务人员承担的工作职责进行适度剥离，将辅导员工作重心由重事务性工作向学生思想政治教育工作回归，使得这一职业成为一项崇高的职业。让辅导员在工作中获得荣誉感、满足感，而不是人们眼中无足轻重、谁都可以做的职业，真正发挥辅导员的思想政治教育功能；应规范辅导员的管理方式，将对学生的规范约束为主转向发展激励为主，有效化解辅导员教育实践中的角色矛盾，增强辅导员教育权力的统一性。

以制度明确辅导员的工作规范与发展，避免"政出多门"。国家对辅导员相关政策必须得到各个高校的具体支持和落实到位，在政策层面给予引导和帮助，让辅导员看到自身的发展前途。[②] 因此，高校要注重创新辅导员培养发展模式。如东北师范大学在思想政治教育学科下设立辅导员工作研究方向，组建辅导员硕博联合培养班，独立机构、独立编制，集教学、工作和科研于一体，参照 MBA 培养方式，多导师联合培养与校际交流培养相结合，探索高校辅导员高级人才的培养模式；在职务晋升制度上，高校要在畅通辅导员晋升管理岗位通道的同时，设立辅导员职务级别的专门晋升制度，根据辅导员的理论基础、实践能力、研究水平和工作实效等因素制定辅导员分级聘任制度，明确相应职业的任职资格、岗位职

---

① 周静：《大力加强新时期高校辅导员队伍建设》，《现代经济信息》2008 年第 5 期。
② 卢浩、刘海东：《高校研究生辅导员工作模式探索》，《高校党建与思想教育》2010 年第 6 期。

责、考核标准以及相应的岗位报酬、科研经费,与教学科研系列并列,提高辅导员队伍的职业声望和专业地位。

三 完善培养体系,提高辅导员的职业能力

在高等教育大众化阶段,辅导员工作已经成为一项专业性和综合性较强的工作。其工作对象是处于成长和发展中的大学生群体,他们缺少很多成长和发展的要素,单凭其自身的主观愿望和自由发展是不可能弥补的,他们对同辈的路径依赖也不足以支撑起所有的成长①,做好他们的教育引导工作,成为他们的人生导师,仅凭热情、经验是很难做到的,需要辅导员的智慧、知识和技能,否则难以胜任。与国外高校学生事务管理人员的组成相比,我国高校辅导员队伍的专业领域虽然很广,但专业知识主要依靠入职后的岗位培训加以弥补,且专业结构互补性较差,辅导员专业成长处于一种专业知识培养的"倒序"状态。从质性访谈中也可以看出,辅导员不同程度地存在"本领恐慌"。北京大学教育学院所做的"首都高校大学生思想状况滚动调查"也显示,辅导员在政治素养、敬业精神和个人品德上是过硬的,但在驾驭和解决学生发展问题上的能力和本领与学生的要求还有较大差距。

因此,借鉴国际经验并结合我国高校实际,对于辅导员这一专门人才的培养,需要构建专门化的人才培养体系。一是在职业准备环节,有条件的高校应该加强高校学生事务管理方向的硕士点和博士点建设②,将思想政治教育专业知识、技能的培养与学生事务管理、学生发展方面知识、技能的培养统一纳入培养方案中,形成适应我国大学生培养的辅导员专业知识和技能结构。二是在选拔聘任环节,高校要有意识地增加心理学、人力资源管理学、教育学、社会学背景辅导员的引进,优化现有的辅导员的专业结构,同时,根据辅导员专业化发展的要求,在考察辅导员政治素质和文字表达能力、计算机能力外,加强对应聘者职业取向、人际沟通、教育教学能力、科学研究能力和领导能力等方面的测试和考察。三是在培训培养环节,要更加注意培训体系、内容、频度和方式的设计,加强对辅导员培训需求的调查,根据辅导员岗位类型和发展阶段的不同需求,有针对性地设计培训培养方案,对培训效果要及时进行跟踪反馈,不断进行方案的优化。

---

① 冯培:《中国高校学生事务管理模式创新》,中国人民大学出版社2009年版。
② 罗公利、聂广明、陈刚:《从国际比较中看中国高校辅导员的角色定位》,《中国高等教育》2007年第7期。

四 加强组织激励，激发辅导员发展的内在动机

高校对辅导员的成长发展都有一定的物质激励，包括提供培训经费、绩效奖励，等等，但这些物质激励都是以满足业务发展为主，辅导员很难将这些物质激励用于满足个人自然需要，对自然动力支撑极为有限，难以激发自然动力。按照激励理论及其相关模型的逻辑，动机激励的过程就是对不同需求、需求的不同阶段给予不断满足的过程。在今天新型的组织—雇用关系模式下，辅导员个体的独立性和选择性更强，他们的个体需求不同且需求具有层次上的递进性，只有满足个体差异性的动机，才能够形成激励。因此，高校需要整体的顶层设计，统筹考虑，各种激励措施要形成有机的整体，形成推动的合力，才能发挥有效的推动力。

目标激励。科学合理的目标是发展的动力源泉。通过定位清晰的目标，可以唤起辅导员的自我发展需求。在研究背景中分析了我国辅导员自身存在的问题，归结起来一是观念的问题，二是胜任能力的问题。彼得·德鲁克提出的目标管理（Management by Objectives）是与激励理论对应的有效管理方法。因此，在设计辅导员职业发展目标时，我们要改变以往目标设置自上到下统一的空泛化习惯，通过辅导员的共同参与，引导辅导员将职业生涯的总目标逐层分解成各阶段的具体实施目标，每一阶段的任务要具有递进性，使辅导员认识到阶段性目标的实现对其最终职业成就的积累和完成的重要性。在此过程中，要将组织的目标导向与辅导员的内在需求相衔接，这其中既包含显性需求的引导，还包括对辅导员潜在需求的发现，只有将组织的价值导向转化为辅导员的价值取向和行为趋向，辅导员的行为动机才可能最大化地激励。

竞争激励。要把竞争激励引入辅导员的人力资源管理中，为辅导员创造平等条件下竞争的机会，在定编定岗和定员的基础上，本着公开、平等、择优、自愿的原则，允许辅导员在一定服务期限后经过竞争上岗，流动到更高的管理干部岗位，实现竞争上岗，优化管理岗位的人员结构，激发辅导员职业发展愿望。

薪酬激励。物质激励是激励机制的基础。高校不能一味强调辅导员的奉献和责任担当，还要重视辅导员作为一个平凡的人的基本需要和获取，应采取积极措施，在明确辅导员岗位职责的基础上，制定适合不同辅导员岗位的薪酬待遇体系，发挥其物质激励作用，保证辅导员待遇的巩固和提高，提供有效的薪酬激励，按照个人能力和贡献的大小，因人而异实施奖

励政策。高级辅导员可以实行年薪制，鼓励其发展战略眼光，开展学生工作理论的研究；一般辅导员实行晋级制，通过对其胜任力的评估，确定不同职能等级，在考核基础上按级取酬，并切实改善他们的工作和生活的物质条件，激发他们的工作热情和对职业的认同感。

考核激励。目前高校辅导员职责大而全，而且重管理服务评价的考评指标体系容易使辅导员安于现状，优秀绩效者都是采用强制分布的办法分配结果，形成辅导员考核两头小、中间大的现象，优秀辅导员只停留在称号和物质奖励上，对于长期表现一般的或不合格的没有明确的处罚措施，考评对于高绩效辅导员发挥不了应有的刺激作用，也不作为晋级提职的依据，使考核结果激励作用未得到充分发挥。因此，高校要为不同岗位的辅导员编制岗位说明书，明确每个岗位的职能、权限、职责标准及规范，并相对应地以岗位和目标任务以及责任为依据制定辅导员职责与考核办法。要优化绩效考核标准，在标准设计上充分考虑不同生涯阶段辅导员绩效目标的确定，通过考核有效区分辅导员的绩效差异并找出导致绩效差异的关键因素，帮助辅导员寻求个体提升的途径，实现激励性与发展性两种效用，改变只关注学生工作要求，忽视辅导员个人发展的考核缺陷。考核主体上，形成确立起辅导员的考核由学生和资深的辅导员作为考核主体；处于探索积累期的辅导员采取同行评价和管理部门评价的方式进行；对于维持生成时期的辅导员采取自评与外部学科专家评议的方式。在考核结果的使用上，在体制允许的范围内尽可能实行弹性薪酬管理模式，增加奖励性福利比例，对于考核不合格和长期表现一般的辅导员，及时调离或转岗。同时，要加强考核结果的沟通与反馈，不只是公示考评结果，要对辅导员考评结果反映出的优缺点和辅导员进行充分沟通，并通过有针对性的辅导提升其职业能力。

五　强化情感激励，增强辅导员发展的社会支持

"个体的身份及其负载的一整套行为规范、互动关系和意义符号，都是通过个体对他人的理解做出的反应来加以呈现的，一个场景是由多方而非行动者一人所共同定义的，它既不是结构决定的产物，也不是纯粹个体的自我行动，而是一个互动、建构的产物"[①]。从辅导员管理的组织结构

---

① 欧文·戈夫曼：《日常生活中的自我呈现》，冯钢译，北京大学出版社2008年版，第212—216页。

来看，各高校大都采用管理型与职能型相结合的模式，辅导员接受职能部门和学院的双重领导，领导、学生、教师和管理干部都成为辅导员角色建构中的重要他人。

在情感激励中，上级领导的信任和专业地位的被认可对于辅导员很重要。研究表明，高校辅导员普遍具有学历提升方面的发展需求，作为辅导员的骨干，处于探索积累期的辅导员在职称职务晋升方面的发展需求强烈，因此，高校职能部门应通过制定有利于辅导员发展的培养培训政策和职务晋升政策、组织奖励政策，强化与辅导员的发展契约，提高辅导员的职业地位；学院领导要主动关心辅导员的工作和生活，提高辅导员在学生事务决策中的参与权和自主决策权，提供辅导员更具挑战性的工作，支持他们的创新工作想法，强化与辅导员的情感契约，提高辅导员的归属感、尊重感和成就感。

辅导员与学生联系最紧密，是辅导员角色建构中最为重要的他人。质性访谈中所有的辅导员都提到学生的支持、认可是他们工作的强大动力。但也有调查显示，一些学生认为辅导员对自己是"过度"管理，因而对辅导员不同程度地存在反感情绪[①]。新时期的大学生需要平等的交往关系，希望辅导员像朋友而不像"强势的管理者"。因此，高校要引导辅导员转变观念，变紧张型、冷漠型和庸俗型师生关系为平等型、合作型、分享型师生关系，引导辅导员关注学生的生活世界，把学生的生活世界作为思想政治工作的着眼点，为大学生提供了解和思考社会生活、人生发展课题的钥匙，激活师生关系中的教育功能，在互动中实现教育主导的作用，而不是一味地灌输理论和管理约束。

与其他教师的互动不仅表现在对辅导员身份建构的影响，而且表现在辅导员的工作质量上，还表现在辅导员与教师的社会比较上。高校要采取有效措施加强任课教师与辅导员之间的联系，如实行优秀教师担任班主任和学生成长导师等制度，这些措施将增加辅导员与其他教师之间良好的平等的互动关系。

---

① 应中正、苏静、刘籍平：《大学生对辅导员工作的满意度调研与对策》，《高校辅导员学刊》2009 年第 4 期。

第三节 高校辅导员胜任力的发展支持机制

正如研究背景所述,高校学生辅导员制度与国家特有的政治体制、经济体制、文化背景关系密切,尤其是在高校人才培养目标的定位方面内涵差异很大,完全照搬美国高校学生事务管理的理念和理论显然不行。当前我国政治经济文化,高等教育的社会功能、管理体制、培养模式,青年学生的价值取向、思维方式、行为方式、群体演化等发生了很多变化,这些变化对辅导员的功能与职责定位、专业知识结构、职业技能结构和发展方向提出了新的要求。从前述辅导员胜任力研究文献的梳理来看,目前我国国内对辅导员胜任力发展支持机制的研究还很不充分,经验型的研究也不系统。因此,立足国际视野和中国国情,把握国外高校学生事务管理的普适性与中国高校辅导员制度的特殊性,从组织导向的角度确立辅导员思想政治教育功能的主体地位,构建新时期我国高校辅导员胜任力的发展支持机制成为本书应用研究的另一方向。

一 建立全员育人的工作机制

2000年,美国高等院校协会(AACU & C)形成了《更大的期望:高等教育普及化时期学习新愿景》(*Greater Expectations: A New Vision for Learning as a Nation Goes to College*)的报告,这份美国世纪之交探讨高等教育未来发展的焦点性文献提出:要在新的历史背景下通过增强实用性和容纳性而复兴自由教育(Liberal Education),培养自觉学习者,而高校组织要实现这一目标就要从以往认识相对同质性的学生群体转而认识到学生的多样性,从重视个人工作,到重视团队工作,整个教育体系都要为学生的发展需求服务。

中央16号文件指出:"广大教职员工都负有对大学生进行思想政治教育的重要责任,要制定完善有关规定和政策,明确职责任务和考核办法,形成教书育人、管理育人、服务育人的良好氛围和工作格局。"但现实中我们看到,随着高等教育规模的扩大和学生主体性的增强,高校学生的思想问题和实际问题有增长的趋势,而随着高校师资队伍的新老交替和后勤社会化的进程,高校各系统都关注各自领域教职员工的专业化建设,但主动关心学生并解决学生思想和发展问题的观念和意识却有下滑的倾向。中发31号文件指出：要坚持全员全方位育人，形成教书育人、科研育人、实战育人、管理育人、服务育人、文化育人长效机制。因此，高校应将普遍的"以人为本"的理念转化为"育人为本"的理念，构建全员育人的工作机制，引导全体教职员工牢固树立"育人为本"的思想意识，以良好的师德风范、为师之道和服务意识为学生的发展成才提供一个良好的育人氛围，使教书育人、管理育人和服务育人成为每个师生员工的自觉行为，改变育人工作由学工系统单打独斗的局面。例如，中央财经大学在高校层面建立了学生思想政治教育与管理委员会，由校长、书记任主任，所有职能部门的负责人和学院的院长作为成员，将分散的育人职责和任务统一到学校年度全员育人工作计划中，做到一起部署、分工负责、阶段落实，并制定了全员育人工作的暂行办法和教书育人、管理育人、服务育人工作的考核评价体系，将全员育人工作与学院的学科建设、学生培养、师资队伍建设工作紧密结合，培育了一批全员育人的工作品牌和全员育人团队，有效加大了学术事务与学生事务、教师队伍与学生工作队伍在育人工作上的合力，提升了教职员工对于学生工作的认同和辅导员职业的认同。

二 建立广泛的互动沟通机制

建立职能部门与辅导员的沟通机制。王虎（2013）关于辅导员社会支持的研究显示，12.3%的辅导员对学生管理部门的支持评价是不满意的，说明辅导员与主管部门沟通存在一定问题。因此，高校职能部门管理者应该在关心辅导员产出的同时，多深入辅导员群体，深层次地了解辅导员的物质和情感要求，帮助他们解决思想、工作和发展上的困惑和疑难问题，接纳他们对职能部门工作的批评和政策建议，使对辅导员的人文关怀与物质、政策支持落到实处。

建立职能部门与学院的沟通机制。在高校，辅导员受到高校和学院的双重管理，但辅导员的日常管理、评聘、绩效考核在学院，而辅导员的规划和发展政策制定在职能部门，由于政策制定与日常管理疏离，职能部门对学院辅导员的配置、人力资源建设情况、发展需求和工作情况很难把握，而学院对职能部门政策的理解和实施又常常错位或缺位，使得辅导员是多头管理而少人培养。因此，搭建学生工作例会、学生工作研讨会等沟通平台，建立辅导员选拔、培养、晋升、考核、发展等方面的校院两级沟通机制就显得尤为重要。

建立辅导员之间的沟通机制。按照学生的规模，目前我国辅导员的配置普遍不足。由于工作繁杂，辅导员基本是自成系统地推动工作，很难有大块的时间进行工作交流，特别是多校区的高校，辅导员之间都很难见面，更谈不上交流。而辅导员工作是一门实践科学，年轻的辅导员阅历浅，如果没有资深的辅导员有效地传帮带，就会陷入事务性工作而且效率很低，因此，高校可以通过建立年级工作组、辅导员协会、辅导员工作室、辅导员科研团队的方式，拿出专门的时间和经费加强辅导员的校内交流，有条件的高校要提供辅导员校外交流的机会，让辅导员以更大的视野锻造和提升自己的工作能力。

建立思想政治理论研究者、实践工作者和政策制定者的沟通机制。目前思想政治教育的理论研究者、实践工作者各自为政明显，但他们确实又同时影响着政策制定者的决策。因此，高校要建立三支队伍之间深层次的、系统的沟通联系，在思想政治教育学科建设上既要尊重理论规律，也要关注现实问题，使政策切实落在解决学生的实际问题上，鼓励思政课教师兼职担任班主任或学生社会实践团队的指导教师；要鼓励一线辅导员参与思想政治理论课、形势政策课的教学和学生思想政治工作的理论探究，将研究问题和实践工作相结合，同时也要吸收一定的理论研究者进入学生工作一线阵地，将理论研究与学生教育引导相结合；政策制定过程要较好地兼顾理论研究者和一线实践者的意见和建议，将学科理论发展和实践问题的解决有机结合[①]。

三 建立多渠道发展培养机制

自美国的校本管理（School-based Management）理念提出以来，人们已经意识到高校教育质量的提高已经从教学层面提升到高校组织层面。高校更加注重主体人的发展和素质的提高，高校已经成为人力资本开发的有效协调者和拓展者。高校要用富有激励性的机制和灵活弹性的体制，去促进每一个成员的发展，强调每一个成员的自我管理和责任意识，发展人的内在资源，而不是用冷冰冰的僵化体制和单一模式去限制员工的自主选择[②]。

大学组织的特点是具有针对专业人员和行政人员（含党务工作者）而设计的双重管理机构。教育部24号令规定了辅导员是双重身份，可以双线晋升，但在高校的操作层面，大部分高校"双阶梯"的晋升路径只

---

① 杨建义：《思想政治教育理论成果实践转化探析》，《思想教育研究》2013年第7期。
② 顾明远、孟繁华：《国际教育新理念》，海南出版社2003年版。

适用于专业教师，辅导员仅有一条管理职业生涯的发展路径，在党务管理干部的晋升上高校大多仍采取传统的任命制，薪酬待遇既不与管理绩效联系，也不与业务技能挂钩，导致部分辅导员缺乏创新能力和职业精神，管理能力不足，很难适应现代大学制度的需要。因此新修订的教育部43号令指出："高等学校应当制定专门办法和激励保障机制，落实专职辅导员职务职级'双线'晋升要求，推动辅导员队伍专业化职业化建设"，要为辅导员设计多渠道、多元化的职业发展机制。

我国辅导员是个综合化的职业角色，缺少专业特色，导致成为"万金油"。中央31号文件指出：高校辅导员队伍要纳入高校人才队伍建设总体规划，完善选拔、培养、激励机制。高校要将辅导员队伍建设纳入人才强校战略，与师资队伍建设和党政干部培养统筹规划实施。一方面，纵向上鼓励辅导员走专业化、专家化发展道路，参考美国大学的经验，可以对辅导员实行工作再设计，形成一个结构合理的职业化发展阶梯，即在职业结构上有专业化的高级辅导员、职业化的核心专职辅导员、阶段性的专职辅导员（具备初级心理咨询师或职业指导师资格的，从业4~5年后重新进行职业选择）。可以按照工作领域分成几个方向，在教育主管部门的主导下选择一些职业标准明确、学科系统成熟、认证制度成熟的职业岗位，如就业指导人员以职业规划师资格的形式实现专业化，并进行专业化资格认证，建立专业等级，高校要对他们精心培育、严格管理，还要为他们未来选择其他职业通道积累经验和创造条件，根据辅导员工作特点实行弹性工作制，使他们在职业发展、个人发展和家庭生活之间安排好精力，并和他们共同设计好职业发展道路。另一方面从横向上，高校党政职能部门在选拔干部时，要优先从适合并愿意从事党务工作或行政工作的辅导员中选拔；根据本人的条件、志向和科研教学能力，打通系统壁垒，将一定数量的辅导员输送到教学科研岗位；搭建人才交流的立交桥，对那些社会需要的辅导员，推荐他们走向社会去发展。①

四 构建辅导员专业发展的学术引导机制

近年来，美国大学成为社会政治经济的主要舞台，学生事务人员在高校招生管理、学术支持服务、健康教育和个人咨询、处理校园重大矛

---

① 张立兴：《高校辅导员队伍建设的机制设计与创新》，《思想政治教育研究》2007年第5期。

盾方面充分证明了学生事务管理队伍在学院和大学中如何成为有效的部分[1]。这也推动了学生事务日益与学术事务融合,一个明显的变化是学生事务的学术化。

大学是一个学术组织,治学是学术界的生活方式。实践中,辅导员有为研究而研究或为职称晋升而研究的现象,很多研究成果对实践工作的指导价值不强。因此,高校一是要建立辅导员学术成长的引导机制,设置专门的研究机构与研究基金,如学生发展中心、培养从事相关研究的辅导员、支持辅导员结合大学生思想政治教育的工作实践开展科学研究[2]。此外,要组建研究团队,设立学术督导,调动一线辅导员的研究热情和活力,引导辅导员深入开展实践问题研究,鼓励辅导员参与科研课题和学术活动,形成研究意识和研究自觉,改变和提升辅导员队伍的科研能力和学术水平,进而提高辅导员群体的学术地位,以增强辅导员岗位成才的专业认同感,把从事辅导员工作与建立终身的、连续的、独立的专业发展和研究方向结合起来,使辅导员工作从本质上返归到"教师"角色上来,使辅导员把追求更高、更深的研究不仅当作职称晋升的需要,更作为一种育人使命和学术使命,作为一种事业与精神的追求,带动学生工作的不断创新,并培养一批能引领辅导员专业成长的领军人物。二是要加强对研究成果实践转化的管理和激励,增强评价的导向性,加强对成果转化过程的管理,广泛收集成果,加强成果分类和推广,开展效果评估,推广和扩大实践转化工作;在各类评奖中,加大实践性和实效性考核比重,通过设立成果转化奖的方式,奖励转化业绩突出的成果和个人。

五 建立纵横结合的学生事务管理矩阵结构

目前,从高校学生工作的组织机构上看,缺乏较为高效的学生事务管理组织架构。一方面,学生事务管理工作仍然是一个由高校党委集中领导,院系、年级、班级逐级管理,条块结合的学生事务管理运作方式,[3]职能分散且层级多;另一方面,高校扩招之后,学生数量增加,高校资源配置紧张,职能管理部门的干部专业化程度不高,难以提升管理水平,也

---

[1] Arthur Sandeen, Margaret J. Barr, *Criticalissues for Student Affairs*, Jossey – Bass Publisher, 2006, 69: 36 – 39.
[2] 徐艳国:《新时期辅导员队伍建设探析》,《学校党建与思想教育》2007年第5期。
[3] 承浩:《基于学生事务管理的思想政治教育研究》,博士学位论文,西南交通大学,2011年。

难以对学生学业、就业、心理等方面的问题给予及时的帮助和疏导。

我国现有的逐级和条块的辅导员管理模式，没有专业分工，辅导员角色多元，结果造成德育工作被削弱，辅导员队伍的发展也滞后于专业教师队伍的发展。因此，为更好地发挥辅导员在学生思想政治教育方面的作用，各大学一方面可以根据学生规模，建立直线—职能型学生工作管理机构，综合性大学可以设立校院两个层面的学生学业发展的支持性机构，如北京航空航天大学在高校层面建立了心理咨询中心，在院系层面设置了大学生发展辅导中心，建立了心理辅导员队伍和学生发展辅导队伍，使学生事务管理直接针对学生，减少管理层级，提高管理效率，释放辅导员在学生基本事务性工作中的精力耗散。另一方面可以对辅导员岗位进行分类，由不同的辅导员从事不同专业领域的工作，如设置心理辅导员、就业辅导员等，切实改变所有条块工作都由辅导员集中负责的现状，使辅导员在完成职业化阶段后，能够在明确的专业化发展实践平台上进行专业化提升，实现术业专攻。

六　完善辅导员职业生涯管理与开发机制

辅导员作为一种职业，要求辅导员成为知识型的教师、反思型的教育者、有效的沟通者、负责任的教育者、自觉的学习者和合作型的工作者。现代人力资源管理要求高校不能简单地停留在辅导员的岗位设置上，而是要通过引导辅导员自我认识与定位，开发其潜能，发挥其专长，确定其职业贡献，帮助其实现人生目标，获得职业成功。

正像问卷调查所显示的，我国高校辅导员70%是任职不到3年的新手，辅导员的保持率关系着学生的身心健康。基于胜任力的辅导员职业生涯管理与开发策略具有良好的人生战略指导意义，可以帮助辅导员了解个人特质与工作行为特点及发展需要，指导辅导员设计符合个人特征的职业发展规划，并在实施发展计划过程中对辅导员提供支持，从而使辅导员积累系统的职业核心竞争力，获得可持续的人生发展优势。[①] 形成建立期辅导员胜任力的培养主要在于能力和素质层面，其生涯指导的重点是角色适应，在基本素质上帮助他们培养工作理念、工作态度、职业兴趣和服务意识，在能力上培养学生组织和管理能力、心理咨询技巧和人际沟通能力，

[①] 赵立莹、任初明：《中美高校学生事务管理人员职业素质比较及启示》，《世界教育信息》2008年第8期。

适合采取集中的课堂讲授方式,并选配资深辅导员为工作督导,随时指导他们处理学生事务问题;处于探索积累期的辅导员正处于职业能力建立的黄金成长期,辅导员自我提高的热情较高,要关注辅导员的差异化需求,帮助辅导员找到自己的职业优势,形成自己的工作风格,要关注其差异化需求,帮助辅导员找到自己的职业优势和专业发展方向,加强人本化管理,克服成长期由于家庭压力等方面的问题产生的职业倦怠。在此阶段除专业化培训外,可以采用成立非正式学习群体、案例研讨、团队拓展等体验和分享式的培训方式,构建辅导员自我成长、团队成长的培训体系;维持生成期的辅导员是由成熟辅导员向专家型辅导员发展的关键时期,辅导员由于个人发展不畅或家庭压力会出现工作投入减弱,学习和创新热情降低。高校要为这部分学生工作者提供职业保障,如职称和职务的晋升、培训、待遇等,要解决这些辅导员关注的现实问题和发展问题,给他们提供国外研修和相关职业资格培训的机会,鼓励他们组成团队开展专门领域的研究,同时以校内短期轮岗、挂职等方式帮助他们熟悉高校各职能部门的工作流程,参与到职能部门的专项工作设计中,提高他们对全局的把握和工作流程的控制力和影响力,强化他们的成长动机,使他们有归属感和成就感,努力成为学生事务领域的专家。

第四节 研究不足与研究展望

研究的过程是对研究问题不断探索、不断深入的过程,也是对已有的相关研究进行整合并加以深化和推进的过程。然而,任何研究都不会尽善尽美,在研究者有限的时间和精力,以及研究视角等的限制下,本书也存在一定的局限性。主要表现在以下几个方面。

首先,研究数据上具有一定的局限性。本书的抽样对象为北京地区的高校辅导员,而从实践意义上讲,不同地区的辅导员队伍建设情况、辅导员职业发展环境以及侧重点都有所不同,研究结果会不可避免地受到样本情况的影响。因此,虽然本书期望能够为高校辅导员胜任力的发展支持机制构建提供科学有效的参考,但在研究结果推广过程中还是要根据实际情况充分考虑适用性。

其次,研究视角上具有一定的局限性。由于本书更加关注辅导员自评的胜任力状况以及组织支持情况，并没有引入辅导员胜任力的他评视角和学校因素中的其他方面；组织支持分析中，也没有引入客观变量，而是强调了辅导员感知到的有效支持情况。在中介变量的选择上，研究以工作投入理论为分析的逻辑依据，并没有过多地探究其他有可能具有中介作用的变量，如领导行为、组织气氛等。这样的研究视角有助于更好地聚焦本书所关注的核心点，但在研究视角的丰富性和数据的客观性上略显局限，有待在未来的研究中予以扩展。

最后，研究结果上，对组织支持感，尤其是物质方面支持的研究结果与以往结论有一定差异。研究中通过变换定量分析方法和引入质性研究，对这些差异进行了一定的探讨，但对这些差异产生的根本原因的剖析，还需要在未来的研究中将研究问题更加真实地还原到实际情境中进行深入剖析。

本书是研究者在辅导员相关领域研究的重要推进，也是辅导员相关实证研究上的一大突破。研究者将以此为基础，在未来的学术研究当中进一步完善和推进高校辅导员胜任力相关研究。主要可以从以下几个方面进行推进。

第一，在理论分析中更加深入地进行国际视角的对比。本书的重要贡献是用实证研究的方法，对我国高校辅导员胜任力的实际情况进行定量、定性的刻画，力图发掘我国高校辅导员职业发展，尤其是高校提供组织支持中的困惑。在本土化研究的基础之上，可以更好地进行国际视角的对比分析，针对辅导员胜任力相关的某些子问题进行深入的对比分析，形成更加具体的政策建议。

第二，胜任力的界定与采集方式进一步优化。本书重点关注了辅导员自评形成的胜任力状态，下一步研究当中应引入更加丰富的胜任力测评视角，尤其是学生视角和组织视角的评价。如果研究能力可及，希望能够开展"辅导员管理者—辅导员—辅导员所带学生"三个视角的匹配数据采集，并进行匹配数据的胜任力分析。进一步提升研究的客观有效性，应能为研究提供更加丰富的成果。

第三，开展辅导员样本的追踪调查数据分析。本书使用的均为横截面数据，仅能以不同职业发展阶段的不同情况来区分胜任力的特点及其影响机制。研究者非常期望能够在未来的研究当中逐渐积累典型的辅导员追踪案例，定期收集其胜任力数据并追踪其职业发展轨迹，真正从时间序列和发展的视角来分析辅导员胜任力水平的变化特点及影响机制，剖析胜任力对辅导员职业发展的重大意义。

参考文献

一 中文文献

1. 艾茹、田丽娜：《社会角色视角下的高校辅导员胜任力研究》，《中国外资》2011年第10期。
2. 蔡国春：《美国高校学生事务专职人员制度及启示》，《江苏高教》2007年第7期。
3. 蔡颖：《基于胜任力的高校辅导员培训》，《中国职业技术教育》2008年第24期。
4. 陈虹：《高校心理健康教育教师胜任力研究》，博士学位论文，福建师范大学，2007年。
5. 陈鸿雁、马树强：《基于胜任能力模型的河北省高校思想政治理论课教师胜任力评价研究》，《河北工业大学学报》2010年第10期。
6. 陈建文、汪祝华：《高校辅导员胜任特征结构模型的实证研究》，《高等教育研究》2009年第1期。
7. 陈伟峰：《美国高校辅导员职业发展阶段理论及其启示》，《考试周刊》2011年第85期。
8. 陈向明：《质的研究方法与社会科学研究》，教育科学出版社2000年版。
9. 程凤春：《高校管理者胜任力研究及其成果应用》，《比较教育研究》2004年第3期。
10. 承浩：《基于学生事务管理的思想政治教育研究》，硕士学位论文，西南交通大学，2011年。
11. David Dubois：《绩效跃进——才能评鉴的极致运用》，李芳龄译，汕头大学出版社2003年版。
12. 杜向民、黎开谊：《嬗变与开新：高校辅导员制度发展研究》，中国社会科学出版社2009年版。

13. 段凌燕：《高校辅导员职业化的困境与对策研究》，博士学位论文，长安大学，2010年。
14. 范建华、朱以财、任扬：《我国高校辅导员制度的历史考察》，《教育学术月刊》2010年第11期。
15. 方海明、吴婉湘：《社会支持与辅导员工作效能感的关系研究》，《高校辅导员学刊》2011年第4期。
16. 冯刚：《辅导员队伍专业化建设理论与实务》，中国人民大学出版社2010年版。
17. 冯培：《高校学生事务管理：从管束到激励的模式再造》，《思想教育研究》2009年第10期。
18. 冯培：《中国高校学生事务管理模式创新》，中国人民大学出版社2009年版。
19. 顾明远：《教育大辞典》，上海教育出版社1996年版。
20. 顾明远、孟繁华：《国际教育新理念》，海南出版社2003年版。
21. 谷向东：《中国特大城区区属单位党政处级正职领导的胜任力特征研究》，博士学位论文，北京师范大学，2005年。
22. 韩建立：《实施基于胜任力的企业员工培训》，《今日科技》2003年第3期。
23. 韩英：《大学辅导员胜任力模型及其应用研究》，博士学位论文，复旦大学，2008年。
24. 郝占良、吴葛、何茂艳：《建立心理契约：从招聘开始》，《出国与就业：就业教育》2010年第2期。
25. 霍晓丹：《高校辅导员的素质标准与开发——基于胜任力模型的分析》，北京大学出版社2013年版。
26. 江立成、汪欣欣：《思想政治教育生态方法论构想》，《思想政治教育研究》2009年第5期。
27. 教育部：《高等学校辅导员职业能力标准》（教思政［2014］2号），http://www.gov.cn/xinwen/2014-04/14/content_2658616.htm，2014-04-14。
28. 教育部：《教育部关于加强高等学校辅导员、班主任队伍建设的意见》（教社政［2005］2号），2005年。
29. 教育部：《普通高等学校辅导员队伍建设规定》，中华人民共和国教育部令第24号，2006年。

30. 教育部办公厅：《教育部办公厅关于开展普通高等学校辅导员队伍建设情况自查工作的通知——附件三》（教思政厅函［2011］4号），2011年。
31. 教育部办公厅：《教育部办公厅关于印发〈2006—2010年普通高等学校辅导员培训计划〉的通知》（教思政厅［2006］2号），2006年。
32. 靳江波：《大学辅导员道德规范与胜任力关系的研究》，硕士学位论文，山西大学，2005年。
33. 《进一步加强和改进新形势下高校党的建设和思想政治工作》，《中国高等教育》1993年第Z1期。
34. 李根强：《组织支持感理论及其在当代组织中的应用》，《四川职业技术学院学报》2006年第11期。
35. 李密：《辅导员职业胜任力的影响因素及提升策略》，《杭州大学电子科技大学学报》2013年第12期。
36. 李明忠：《美国大学生事务管理工作的发展特性》，《现代教育科学》2005年第5期。
37. 李燕：《高等教育学生事务国际化进程中的本土化追求》，《教育探索》2011年第4期。
38. 李永山：《美国大学学生事务管理人员职业发展过程及启示研究》，博士学位论文，合肥工业大学，2013年。
39. 李罡：《我国高校辅导员管理激励机制研究》，硕士学位论文，吉林大学，2008年。
40. 刘洁：《试析影响教师专业发展的基本因素》，《东北师范大学学报（哲学社会科学版）》2004年第6期。
41. 卢浩、刘海东：《高校研究生辅导员工作模式探索》，《高校党建与思想教育》2010年第6期。
42. 罗涤、李华：《胜任力理论及高校辅导员选聘机制的优化》，《重庆大学学报》2007年第4期。
43. 罗公利、聂广明、陈刚：《从国际比较中看我国高校辅导员的角色定位》，《中国高等教育》2007年第7期。
44. 罗瑞娟、柳礼泉：《胜任力理论指导下的高校辅导员选聘》，《高校辅导员学刊》2009年第2期。

45. 倪金华：《论我国高校研究型辅导员队伍的建设》，硕士学位论文，复旦大学，2008年。
46. 欧文·戈夫曼：《日常生活中的自我呈现》，冯钢译，北京大学出版社2008年版。
47. 彭庆红：《试论高校辅导员队伍专业化建设》，《北京科技大学学报（社科版）》2007年第4期。
48. 秦贝：《我国高校辅导员队伍职业化建设研究》，硕士学位论文，天津大学，2010年。
49. 屈丽萍：《基于组织待遇的组织支持感知、工作态度与工作结果关系研究》，硕士学位论文，浙江大学，2006年。
50. 人民网：《中共中央关于讨论和试行教育部直属高等学校暂行工作条例（草案）的指示》，http：//news.xinhuanet.com/ziliao/2005-01/22/content_2494713.htm.2005-01。
51. 商潋莹：《教师胜任力影响因素及提升策略研究》，《山东青年政治学院学报》2011年第5期。
52. 邵凤雨：《基于胜任力模型的高校辅导员绩效管理模式研究》，硕士学位论文，重庆大学，2008年。
53. 邵建平、隋汝梅：《高校辅导员胜任特征模型研究》，《江苏高教》2009年第6期。
54. 时勘、王继承、李超平：《企业高层管理者胜任特征模型评价的研究》，《心理学报》2002年第34期。
55. 苏文明、吴薇莉：《基于胜任力特征的大学辅导员人力资源管理》，《高等教育研究》2006年第6期。
56. 王重鸣、陈民科：《管理胜任力特征分析：结构方程模型检验》，《心理科学》2002年第5期。
57. 王官诚、汤晖：《基于心理契约的知识型员工管理》，《中国市场》2008年第10期。
58. 王继承、时勘：《企业高层管理者胜任力模型评价的研究》，《心理学报》2002年第3期。
59. 王九龙：《高校辅导员角色、角色愿景与角色认同》，江苏省教育厅高校人文社会科学研究项目2007年度"高校辅导员的社会评价与自我角色认同"（07SJD710036）阶段性成果之一，2007年。

60. 王敏幸、孙振民：《新时期高校辅导员职业能力培养的路径选择》，《科技与教育》2009 年第 12 期。
61. 王卫放：《美国高校的学生工作》，《中国青年研究》2004 年第 5 期。
62. 尉庆国、周恩毅：《新时期高校辅导员胜任力问题研究》，博士学位论文，西安建筑科技大学，2011 年。
63. 文婷：《高校辅导员专业素质研究》，博士学位论文，河海大学，2006 年。
64. 吴明隆：《结构方程模型——Amos 实务进阶》，重庆大学出版社 2013 年版。
65. 肖柯、石清云：《学习型班级视域下高校辅导员胜任力要素分析》，《国家教育行政学院学报》2013 年第 6 期。
66. 徐建平：《教师胜任力模型与评测》，博士学位论文，北京师范大学，2004 年。
67. 徐艳国：《新时期辅导员队伍建设探析》，《学校党建与思想教育》2007 年第 5 期。
68. 杨继平、顾倩：《大学辅导员胜任力的初步研究》，《山西大学学报》2004 年第 6 期。
69. 杨建义：《思想政治教育理论成果实践转化探析》，《思想教育研究》2013 年第 7 期。
70. 姚加惠：《浅析国外巨型大学组织与管理模式的特征》，《中国高等教育管理现实与理想》，中国传媒大学出版社 2005 年版。
71. 易真龙等：《高校辅导员队伍职业化建设理论与实务》，中国矿业大学出版社 2013 年版。
72. 应中正、苏静、刘籍平：《大学生对辅导员工作的满意度调研与对策》，《高校辅导员学刊》2009 年第 4 期。
73. 游敏惠：《美国高校学生事务管理队伍的发展与启示》，《比较教育研究》2006 年第 12 期。
74. 俞锋：《美国高校学生事务管理队伍的最新发展及启示》，《比较教育研究》2009 年第 7 期。
75. 余南飞：《新时期高校辅导员素质建设研究》，复旦大学，2011 年。
76. 约翰·杜威：《我们怎样思维·经验与教育》，姜文阁译，人民教育出版社 2005 年版。

77. 张俊友:《从"教师胜任力"的视角对我国教师资格认定的反思》,《江西教育科研》2007年第2期。

78. 张立兴:《高校辅导员队伍建设的机制设计与创新》,《思想政治教育研究》2007年第5期。

79. 张丽瑛:《清华大学带班辅导员胜任特征研究》,硕士学位论文,清华大学,2006年。

80. 张林:《企业员工工作投入结构维度及其相关研究》,博士学位论文,暨南大学,2008年。

81. 张树连:《关于组织支持感的研究评述》,《社会心理科学》2011年第3期。

82. 张铤:《论美国高校辅导员制度》,《黑龙江高教研究》2010年第1期。

83. 张勇、蒋国虹:《基于层次分析法的高校辅导员胜任力评估模型研究》,《成都信息工程学院学报》2011年第8期。

84. 赵立莹、任初明:《中美高校学生事务管理人员职业素质比较及启示》,《世界教育信息》2008年第8期。

85. 赵美玲:《国小女教师工作特性知觉、角色压力与其工作投入关系研究》,中国台湾:新竹师范学院国民教育所,1997年。

86. 赵庆典:《美国高校学生事务管理的启示》,《中国高等教育》2004年第6期。

87. 赵新国:《高校优秀辅导员人格特征的分析研究》,东北师范大学,2009年。

88. 中共教育部党组:《中共教育部党组关于印发〈普通高等学校辅导员培训规划(2013—2017年)〉的通知》(教党〔2013〕9号),2013年。

89. 中共辽宁省委宣传部、辽宁省高等教育局:《关于加强高等学校学生思想政治工作队伍建设的意见》,《辽宁高等教育研究》1987年第3期。

90. 《中共中央国务院关于进一步加强和改进大学生思想政治教育的意见》,中央16号文件,2004年。

91. 中共中央转发中央教育部党组《关于在高等学校试行政治工作制度的报告》,http://cpc.people.com.cn/GB/64184/64186/66657/4492786.html。

92. 中国大百科全书出版社编辑部:《中国大百科全书(教育卷)》,中国大百科全书出版社 1998 年版。

93. 仲理峰：《家族企业高层管理胜任特征模型》，《心理学报》2004 年第 1 期。

94. 周静：《大力加强新时期高校辅导员队伍建设》，《现代经济信息》2008 年第 5 期。

95. 周鹃：《对运用心理契约提升辅导员胜任力的探索》，《重庆交通大学学报（社会科学版）》2008 年第 6 期。

96. 朱迪：《混合研究方法的方法论，研究策略及应用——以消费模式研究为例》，《社会学研究》2012 年第 4 期。

97. 朱素阳：《基于胜任力的高校辅导员职业生涯发展研究》，《佳木斯教育学院学报》2012 年第 12 期。

98. 朱宁、薛艳：《导师组模式下高校辅导员胜任力研究》，《继续教育研究》2011 年第 6 期。

二　英文文献

1. *ACPA/NASPA Professional Competency Areas*，http：//www2. myacpa. org/. 2010 - 09 - 01.

2. Arthur Sandeen, Margaret J. Barr. , *Criticalissues for Student Affairs*，Jossey - Bass Publisher, 2006, 69：36 - 39.

3. Baier J. I. , Competent Staff：The Critical Variable，*New Directions for Student Services*，1979（7）：69 - 83.

4. Benefits of a Career in Students Affairs，http：//www. naspa. org/career/ benefits. efm, 2008 - 10 - 10.

5. Blimling, G. S. , The Handbook of Student Affairs Administration by Margaret J. Barr, *The Journal of Higher Education*，1994, 65（6）：751.

6. Boyatzis, R. E. , *The Competent Manager：A Model for Dffective Performance*，New York：John Wiley & Sons, 1982.

7. BURKARD A. , COLE D. C. , OTT Metal. Entry2 Level Competencies of New Student Affairs Professionals：Adelphi Study，*NASP A Journal*，2005, 42（3）.

8. Byham W. C. , Moyer R. P. , *Using Competencies to Build a Successful Organization*，Development Dimensions International, Inc. , 1996.

9. *Consider a Career In Student Affairs*，http：//www. naspa. org/career/ de-

fault. cfm. 2008 – 10 – 08.

10. Dabbagh N. Scaffolding, An Important Teacher Competency in Online Learning, *Tech Trends*, 2003, 47 (2): 39 – 44.

11. Eisenberger R., Huntington S., et al., Perceived Organizational Support, *Journal of Apolied Psychology*, 1986, 71 (2): 500 – 507.

12. Fessler R., *A Model for Teacher Professional Growth and Development*, Career Long Teacher Education, *SpringfieldIL*: Thomas C. C., 1985.

13. Halley D., The Core Competency Model Project, *Corrections Today*, 2001, 63 (7).

14. Huberman M. & Schapria A., Cycle de vie et enseignement: Changements dans les relations enseignats, *Cymn asium helveticum*, 1979 (1): 113 – 129.

15. Ledford G. E., Paying for the Skill, Knowledge, and Competencies of Knowledge Workers, *Compensation and Benefits Review*, 1995, 27 (4): 55 – 62.

16. Levinson., *Organizational Diagnosis*, Cambridge: Harvard University Press, 1962.

17. Margaret J. Barr, *The Handbook of Affairs Administration*, The Jossey Basshigher and Dult Education Rise, 1993.

18. Matthwman, J., Trends and Developments in the Use of Competency Frameworks, *Competency: The Journal of Performance through People*, 1996, 4 (1): 2 – 11.

19. McClelland, D. C., Testing for Competence Rather than for Intelligence, *American Psychologist*, 1973, 28: 1 – 4.

20. Miller, T. K. & Carpenter, D. S., *Professional Preparation for Today and Tomorrow*, In D. G. Greamer Fed, Student Development in Higher Education: Theories, Practices, and Future Directions, Washington: ACPA, 1980: 187.

21. NASPA, *Learning Reconsidered: A Campus – wide Focus on the Student Experience*, http://www.naspa.org/membership/leader_ex_pdf, 2004.

22. Orger B. Ludeman, Kenneth J. Osfield, Emrique Iglesias Hidalgo, Danja Oste, Howard S. Wang., *Student Affairs and Services in Higher Education: Global Foundmions, Issues and Best Practices*, Paris: UNESCO, 2009: 11 –

12.

23. Robinson, S., Kraatz, M. & Rousseau, D., Changing Obligations and the Psychological Contract: A Longitudinal Studyd, *Academy of Management Journal*, 1994: 37.

24. Shore L., Tetrick L., A Construct Validity Study of the Survey of Perceived Organizational Support, *Journal of Applied Psychology*, 1991 (7): 637 – 643.

25. Spencer, L. M. & Spencer, S. M., *Competence at Work: Models for Superior Performance*, New York: John Wiley & Sons, 1993.

26. Steffy, Teacher Career Development Pattern, *Teacher Development*, 1990, 12 (3): 29.

27. Tkdd J. M., Kimberly A. W. et al., Beliefs about "Improvability" of Career – relevant Skills: Relevance to Job/Task Analysis, Competency Modeling, and Learning Orientation, *Journal of Organizational Behavior*, 2003 (24).

28. Tsui, A. S., Pearce, J. L., Porter, L. W. & Tripoli, A. M., Alternative Approaches to the Employee Organization Relationship: Does Investment in Employees Pay Off?, *Academy of Management Journal*, 1997 (40): 1089 – 1121.

29. *UNESCO ICT Competency Framework for Teachers*, http://unesdoc.unesco.org/images/0021/002134/213475E.pdf.

30. Winston, R. B. Torres V. Carpenter D. S. McIntire, D. D. & Peterson B., *Staffing in Student Affairs: A Survey of Practices*, College Student Affairs Journal, 2001, 21 (1): 9, 13, 18, 21 – 22.

31. Woodruffe C., Competent by any other Name, *Personnel Management*, 1991 (23): 30 – 33.

附　　录

附录一　首都高校辅导员职业状况调查问卷

尊敬的老师：

您好！为全面准确了解首都高校辅导员职业与工作现状，进行相关工作研究，我们特组织本次调查。调查采用匿名方式，答案无对错之分，收集的资料仅供研究之用，不会以任何形式公开您的个人信息。请您把答案填写在相应的横线上或在选项上打"√"。

感谢您的合作！

2014 年 4 月

第一部分　基本信息

1. 所在单位：_____
2. 性别：
①男　　　　②女
3. 年龄：_____
4. 婚姻状况：
①已婚　　　②未婚　　　③离异　　　④丧偶
5. 子女情况：
①有　　　　②无
6. 最高学历学位：
①本科　　　②硕士　　　③在读硕士　　　④在读博士
⑤博士　　　⑥其他（请注明）

7.（1）最高学历专业背景：

①政治学　　　②教育学　　　③社会学　　　④心理学

⑤民族学　　　⑥传播学　　　⑦哲学　　　　⑧历史学

⑨法学　　　　⑩经济学　　　⑪管理学　　　⑫艺术学

⑬其他（请标明）：_____

（2）是否是思想政治教育专业：

①是　　　　②否

8. 大学期间是否有学生干部经历：

①有　　　　②无

9. 是否为本校毕业留校工作：

①是　　　　②否

10. 是否为"2+2""2+3"类型辅导员：

①是　　　　②否

11. 参加工作的年限：_____年（请直接填写）

12. 从事辅导员工作的年限：_____年（请直接填写）

13. 岗位类型：

①一线专职辅导员（注：指专职在一线从事大学生日常思想政治教育工作的带班辅导员）

②专职辅导员（是否有其他行政职务：①是　②否；具体职务名称：_____）

③兼职辅导员（是否有其他行政职务：①是　②否；具体职务名称：_____）

14. 目前所带学生类别及人数为：①本科生，共_____人　②研究生，共_____人

15. 所带学生涉及：

①同一年级　　②跨年级

16. 所在学校辅导员的管理体制：

①学校职能部门统一管理　　②学校和院（系）两级管理

③其他（请注明）：_____

17. 目前的专业技术职务：

①助教　　　　②讲师　　　　③副教授（副研究员）

④教授（研究员）　　　　⑤无

18. 获得现专业技术职务的时间：_____年（请直接填写）

19. 目前的行政级别：
①科级以下　　②科级　　③副处级　　④正处级

20. 是否已获得辅导员工作相关资格证书：
①是　　②否

21. 如果20题为"是"，所获资格证书具体名称为（可多选）：
①教师资格证　②职业指导师　③职业咨询师
④生涯规划师　⑤生涯教练　⑥创业指导师
⑦心理咨询师　⑧其他（请注明）：_____

22. 目前的年收入：
①5万元及以下　　　　　②5万—9万元（含）
③9万—14万元（含）　　④14万元以上

23. 是否获得过学生思想政治教育工作奖项：
①是　　②否

24. 如果23题为"是"，所获奖项最高级别是：
①校级　　②地市级　　③省部级　　④国家级

第二部分　工作职责与内容

25. 请结合自身工作情况，进行客观描述与评价。左侧为您工作的开展情况，右侧为您对此的认同程度（即您是否认为该内容属于辅导员的工作内容和岗位职责）。

开展情况				题目	认同程度			
一直	经常	很少	从未		完全不认同	基本不认同	基本认同	完全认同
4	3	2	1	（1）开展思想教育，使学生形成科学的世界观、正确的人生观	1	2	3	4
4	3	2	1	（2）开展政治教育，使学生树立正确的政治方向、政治立场、政治观点、政治信念、政治态度	1	2	3	4
4	3	2	1	（3）开展道德和法制教育，使学生形成良好的道德品质、道德人格和道德行为	1	2	3	4
4	3	2	1	（4）开展学风与纪律教育，培育诚信、创新的学习氛围，使学生形成正确的学习态度和良好的学习习惯	1	2	3	4

续表

开展情况				题目	认同程度			
一直	经常	很少	从未		完全不认同	基本不认同	基本认同	完全认同
4	3	2	1	（5）开展心理健康教育，使学生形成健康的人格品质和社会适应能力	1	2	3	4
4	3	2	1	（6）开展生涯规划教育和就业指导教育，使学生确立正确的就业观、创业观和适合自身的职业生涯规划	1	2	3	4
4	3	2	1	（7）开展人文精神和科学精神的教育，培育学生的人文情怀和科学素养	1	2	3	4
4	3	2	1	（8）开展国际意识与国际理解教育，培育学生的世界眼光和全球公民意识	1	2	3	4
4	3	2	1	（9）开展生活方式的教育，使学生形成良好的生活态度、消费习惯和健康的生活习惯	1	2	3	4
4	3	2	1	（10）开展环境伦理教育，使学生正确认识人与社会、人与自然和人与其他物种的关系	1	2	3	4
4	3	2	1	（11）开展生命观教育，引导学生热爱生命、珍惜生命、认识自我和发展自我	1	2	3	4
4	3	2	1	（12）了解法律法规和政策制度，指导学生的校园言行，引导学生进行自我管理和自我完善	1	2	3	4
4	3	2	1	（13）构建和谐向上的集体氛围，引导学生在良好的人际支持环境中实现自我成长和自我提升	1	2	3	4
4	3	2	1	（14）把握学生的成长状态，提出公正合理的评价和奖惩建议	1	2	3	4
4	3	2	1	（15）指导学生有效地利用信息和资源，帮助学生认识自我、科学规划学习生涯	1	2	3	4
4	3	2	1	（16）了解学生的需求和诉求，给予及时的途径、策略和方法的指导，维护学生的合法权益	1	2	3	4
4	3	2	1	（17）引导学生进行心智的培养和训练，及时发现学生的思想和心理问题及发展困惑，给予针对性的咨询、辅导和支持	1	2	3	4
4	3	2	1	（18）引导学生主动参与校园生活和社会生活，在丰富的文化体验和社会实践中提升综合素质，增强就业竞争力	1	2	3	4
4	3	2	1	（19）掌握学生管理和学生事务的政策流程，做好学生基本事务的处理	1	2	3	4

26. 日常工作中，平均每周在以下工作内容上使用的时间分别为（请直接填写）：

①学生日常管理和学生事务：_____小时/周

②学生教育：_____小时/周

③学生咨询服务：_____小时/周

④参加学生活动：_____小时/周

⑤开展深度辅导：_____小时/周

⑥处理学生突发事件：_____小时/周

⑦其他行政事务：_____小时/周

⑧其他工作：_____小时/周

第三部分　胜任力情况

27. 请结合自身实际状况，选择相应的选项。

题目	完全不符合	……			完全符合
（1）如果发现工作目标不切合实际，会马上根据实际情况进行调整	1	2	3	4	5
（2）准确领会上级意图，能够制订周密的活动计划，很好地掌控活动进展	1	2	3	4	5
（3）能够对学生不同阶段进行有针对性的指导	1	2	3	4	5
（4）当学生需要帮助时，能够第一时间给予帮助和指导	1	2	3	4	5
（5）奖惩标准前后一致，公平对待每个学生	1	2	3	4	5
（6）在学生行为过激时，能够最大限度地谅解他	1	2	3	4	5
（7）承认自己工作中的过失，接受批评，正视自己的不足	1	2	3	4	5
（8）主动采取措施消除与学生的矛盾，进而改善与学生的关系	1	2	3	4	5
（9）遇到需要当机立断的紧急事件，有及时做出决策的勇气	1	2	3	4	5
（10）能够在班集体、团委、学生会等组织中，营造公平公正的良好氛围	1	2	3	4	5
（11）能够觉察到别人没能注意到的情况和细节	1	2	3	4	5
（12）能够协助学生会、社团、团委等组织资源，共同做好活动和会议	1	2	3	4	5
（13）要求自身工作超越他人要求的努力程度	1	2	3	4	5

续表

题目	完全不符合	……			完全符合
(14) 通常能够捕捉到异常情况，预见他人未能意识到的问题	1	2	3	4	5
(15) 在辅导员工作中能够做到具体问题具体分析	1	2	3	4	5
(16) 对思想偏激的学生，能开展有针对性的思想政治教育工作，改变学生立场	1	2	3	4	5
(17) 了解每一个学生的状况并为其制定符合其特点的发展方案	1	2	3	4	5
(18) 遇到突发事件，有很强的决断能力和处理能力	1	2	3	4	5
(19) 能够善意地面对学生的抵触情绪，并对其进行说服教育	1	2	3	4	5
(20) 面对两难问题时能够果断做出正确决策	1	2	3	4	5
(21) 把遵纪守法、按程序行事作为个人行为准则	1	2	3	4	5
(22) 能够觉察到别人没能注意到的情况和细节	1	2	3	4	5
(23) 能够及时发现学生工作问题	1	2	3	4	5
(24) 平常的时候就会去关心学生，不是等到他们出问题的时候再去关心他们	1	2	3	4	5
(25) 能够独立组织开展大型活动，并取得很好效果	1	2	3	4	5
(26) 对突发性政治事件，能够冲锋在前，稳定学生情绪，维护学校安全稳定	1	2	3	4	5
(27) 能够创造性地落实上级布置的各项工作，并取得很好的效果	1	2	3	4	5
(28) 仔细观察每一个学生的行为表现和情绪变化	1	2	3	4	5
(29) 制订年度学生工作计划，对照检查完成的情况	1	2	3	4	5
(30) 能够对学生不同阶段进行有针对性的指导	1	2	3	4	5
(31) 运用系统的策略影响学生	1	2	3	4	5
(32) 关心学生的长远发展和成长成才，做到因材施教	1	2	3	4	5
(33) 换位思考，设身处地地为学生着想	1	2	3	4	5
(34) 任用学生干部，以德才为先，而不是任人唯亲	1	2	3	4	5
(35) 能够科学预测决策的风险和可能的收益，果断地做出恰当决策	1	2	3	4	5
(36) 信守对学生的约定和承诺	1	2	3	4	5
(37) 认可并接受他人的创新观念和想法	1	2	3	4	5
(38) 观察学生的非语言行为，体察学生心情和感受	1	2	3	4	5
(39) 有能力组织动员学生广泛参与教育活动	1	2	3	4	5

续表

题目	完全不符合	……	完全符合
（40）相信学生的潜力，对学生充满信心，表现出正面期待	1	2 3 4	5
（41）对学生一视同仁，客观评价学生	1	2 3 4	5
（42）面对请托劝说，能够坚持原则，按学校规章制度办事	1	2 3 4	5
（43）遇到需当机立断的紧急事件，有及时做出决策的勇气	1	2 3 4	5
（44）能针对不同情况、不同对象采取有针对性的工作方法	1	2 3 4	5
（45）相信一部分问题学生能够受到自己言传身教的影响，并产生积极的改变	1	2 3 4	5
（46）有亲和力，喜欢和学生做朋友	1	2 3 4	5
（47）面临辅导员工作中的复杂问题时，能够主动、及时、果断做出决策	1	2 3 4	5
（48）在工作中绝不会弄虚作假，夸大工作成绩和掩饰工作缺点	1	2 3 4	5
（49）面对两难问题时能够果断做出正确决策	1	2 3 4	5

第四部分　职业发展状况

28. 选择辅导员工作的职业动机：第一，_____；第二，_____；第三，_____。

①职业特点与个人知识能力特质匹配度高

②个人价值能得以实现

③社会地位较高

④职业稳定性强

⑤福利待遇好

⑥职业发展环境好、空间大

⑦喜爱高校工作环境

⑧其他（请注明）：_____

29. 所在单位对辅导员的培养和专业化成长：

①有一定规划，目标比较明确

②有考虑，目标尚不明确

③未规划过，没有目标

④没有部门负责辅导员成长规划

⑤不知道

30. 所在单位支持辅导员职业发展的政策：

（1）制定方式：

①完全不合理　　②有些不合理　　③基本合理　　④完全合理

（2）完善程度：

①非常不完善　　②有些不完善　　③基本完善　　④完全完善

（3）政策支持形式（可多选）：

①享受与教师同等待遇　　　　　　②专业技术职务评审单列

③职务晋升倾斜　　　　　　　　　④支持辅导员自治组织的活动

⑤有专项工作补贴和队伍建设经费　⑥报销部分培训进修费用

⑦保证培训进修学习时间　　　　　⑧提供相关执业资格证的培训

⑨成立校内辅导员专业协会

⑩其他（请注明）：_____

31. 所在单位对辅导员工作的评价体系：

①完全不合理，不能反映工作水平

②不太合理，基本不能反映工作水平

③基本合理，能反映部分工作水平

④完全合理，能反映工作水平

32. 所在单位对辅导员的绩效考核制度：

（1）明确程度：

①完全不明确　　②不太明确　　③基本明确　　④完全明确

（2）执行力度：

①非常不严格　　②不太严格　　③比较严格　　④非常严格

33. 是否希望进一步提升自己的学历：

①是　　　　　　②否

34. 是否考虑进一步晋升专业技术职务：

①是　　　　　　②否

如果是，计划申请晋升的时间为：_____年内

35. 在职期间，是否获得过培训进修的机会：

①是　　　　　　②否（如选否，请跳至第40题）

36. 获得培训进修机会的具体形式（可多选）：

①在职学历进修　　　　　　②脱产学历进修

③辅导员专业化培训　　　　④出国交流培养

⑤选派到校外单位挂职锻炼　⑥去其他高校考察学习辅导员工作

⑦其他（请注明）：_____

37. 所参加培训的主办单位为（可多选）：

①所在单位

②其他高校

③北京市委教育工委

④教育部高校辅导员培训和研修基地

⑤专业培训机构

⑥其他（请注明）：_____

38. 获得培训进修机会的：

（1）次数：_____次　　　　（2）频率：_____次/年

39. 参加培训进修的总时长：

（1）学历进修：_____天　　（2）培训学习：_____天

（3）出国培训：_____天　　（4）挂职锻炼：_____天

（5）考察交流：_____天　　（6）其他：_____天

40. 请根据个人对高校辅导员相关政策的了解情况、项目的了解及参与情况，在相应序号上打"√"。

题目	是否了解		是否愿意申请或参与	
	是	否	是	否
（1）《中共中央国务院关于进一步加强和改进大学生思想政治教育的意见》	1	2		
（2）《普通高等学校辅导员队伍建设规定》	1	2		
（3）《普通高等学校辅导员培训规划（2013—2017年）》	1	2		
（4）《教育部办公厅关于加强高校辅导员基层实践锻炼的通知》	1	2		
（5）《北京高校辅导员队伍建设规划（2013—2015年）》	1	2		
（6）教育部高校辅导员培训和研修基地（首批21个）	1	2		
（7）高校辅导员在职攻读思想政治教育博士学位专项计划	1	2	3	4

续表

题目	是否了解 是	是否了解 否	是否愿意申请或参与 是	是否愿意申请或参与 否
（8）教育部每年选拔500名优秀辅导员骨干参加在革命老区举办的辅导员服务实践能力培训班	1	2	3	4
（9）教育部选拔高校骨干辅导员或一线学生工作干部参加援藏援疆援青干部人才计划和定点联系滇西边境山区干部挂职选派计划	1	2	3	4
（10）教育部计划五年内选派500名高校辅导员参加志愿服务西部计划等国家基层服务项目	1	2	3	4
（11）全国高校辅导员职业能力大赛	1	2	3	4
（12）全国高校辅导员年度人物评选活动	1	2	3	4

41. 请根据实际情况，在相应序号上打"√"，1为很不满意，4为非常满意。

题目	很不满意	较不满意	比较满意	非常满意
（1）办公环境和设备设施	1	2	3	4
（2）薪酬待遇	1	2	3	4
（3）福利分配	1	2	3	4
（4）医疗条件	1	2	3	4
（5）住房条件	1	2	3	4
（6）上下班交通便利性	1	2	3	4
（7）学生质量和综合素质	1	2	3	4
（8）师生关系	1	2	3	4
（9）家长的信任和支持	1	2	3	4
（10）其他辅导员的支持和帮助	1	2	3	4
（11）与专业教师及任课教师有关学生管理和发展问题的沟通	1	2	3	4
（12）与其他行政人员的关系	1	2	3	4
（13）院系（教学单位）领导对辅导员工作的支持和帮助	1	2	3	4
（14）学校/学院对学生工作的重视程度	1	2	3	4
（15）所在单位辅导员寻求工作创新和职业发展的氛围	1	2	3	4

42. 基于个人从业经历，您认为辅导员职业发展的外部限制因素最重要的三项为：第一，_____；第二，_____；第三，_____。

①学生思想政治教育工作任务重、工作量过大、内容繁杂

②辅导员职责边界不清晰，工作任务头绪过多

③职务晋升的门槛高，职业发展路径不清晰

④专业技术职务评聘难度大

⑤缺少培训进修和学习的机会

⑥缺少参加培训进修和学习的经费支持

⑦其他（请注明）：_____

43. 基于个人从业经历，您认为辅导员职业发展的自我限制因素最重要的三项为：第一，_____；第二，_____；第三，_____。

①个人对辅导员的职业认同感较低

②职业发展的主观意愿和动力不足

③缺乏职业生涯规划的意识

④个人知识和能力积累不足，难以满足职务晋升要求

⑤生活压力较大，缺少培训进修和学习的时间和精力

⑥家人不支持从事辅导员工作

⑦其他（请注明）：_____

44. 最后，请将您的工作和职业发展想象为一个梯子，最顶端的一阶为10，代表您最满意的程度；最低一阶为0，代表您最不满意的程度。相对您现在的情况，您将自己放在哪一阶上？请填写符合您实际情况的数值_____（0~10）。

问卷到此结束！
感谢您的支持和配合！祝工作顺利，生活愉快！

附录二　辅导员职业生涯发展管理访谈提纲

第一部分　基本信息

（一）个体信息：性别、年龄

（二）工作情况：所在院校、学历、职称、职务、担任辅导员年限（具体数字）、专兼职情况（是否担任团的工作、党支部的工作、其他行政工作、思政课或就业指导课教师等）、是否本校留校、是否为"2+2"或"2+3"类型辅导员

（三）绩优情况：个人及集体（班、团、党支部等）所获荣誉（获奖名称，记不清的列出所获荣誉级别即可，如校级、北京市、教育部）、科研状况（发表论文、主持与参与课题、著作、科研获奖情况）

第二部分　访谈主要内容

（一）职业基础

你出于什么原因选择了辅导员职业？更多地考虑主观原因还是客观原因？

（二）职业发展过程：

1. 如果我们把辅导员的职业生涯发展分为三个阶段：新手探索期、调整与成熟发展期、专家化三个阶段，您认为自己目前处在哪个阶段？在各个阶段您认为您发展的动力是什么？

2. 您在所处的这个职业发展阶段的发展状态如何？是否符合您的预期？差距在哪里及原因？在这个职业阶段的发展中，您遇到的发展困难和问题是什么？您是如何解决困难和问题的？

3. 在您的辅导员职业发展过程中，是否经历过平台期？是在哪个时间点（工作几年后）？您是如何度过这个平台期的（外部支持：同事、领导、学院或者高校相关部门的支持，职位或职称晋升，被赋予更多的责任，调整岗位，及时的绩效反馈；内部支持：学历晋升、培训学习，等等）？您认为出现该平台期的内外部主要原因是什么？

(三) 职业生涯发展规划

1. 您是否对自己进行了职业生涯规划？是在哪个阶段进行的规划？您的生涯规划的最终目标是什么？您觉得高校实施"辅导员职业生涯管理"有必要吗？您参加过职业生涯管理的专题培训吗？

2. 你对辅导员转岗怎么看？在未来的职业发展中：

①如果有一个仍在本校的大家都认为不错的非辅导员工作岗位需要人，正好您符合这个岗位的全部要求，会成为您的一种选择吗？如果您坚持留在这支队伍里，可以跟我说说是什么原因让您留下来吗？您认为最为可行（最认可）的个人职业发展路径是什么（行政职务晋升、专业技术职务提升、某方面的专家化发展，等等）？

②如果能有一个工作机会转到社会声誉与整体办学条件、薪酬更高的高校做辅导员，您会考虑吗？为什么？

③如果有一个机会能转岗到企业单位、党政机关等其他高等教育体系外的工作岗位，您会考虑吗？为什么？

3. 关于专家型辅导员：

①您所理解的专家型辅导员是什么样的？

②您期待自己成为专家型辅导员吗？您希望自己成为哪个领域的专家型辅导员呢（比如思想政治教育、党团和班级建设、职业规划与就业指导、心理健康教育与咨询、学业指导、日常事务管理、网络思想政治教育、危机事件应对、理论与实践研究等）？可以说说您为什么特别希望在这个领域成为专家吗？

4. 您认为有可能阻碍您实现这样的职业生涯规划和职业发展目标的最大原因是什么？这些阻碍因素中，您觉得是内在个体的因素大些还是外在环境的制度约束更大些？

(四) 职业发展支持平台

1. 您所在高校允许辅导员参加专业技术职称评定吗？您对所在高校现行的辅导员职称评定制度满意吗？您对评职称这个事情有压力吗？如果没有职称评定制度，您会从事科研工作吗？如果设定0—10分，您认为职称评定的重要性对您而言是哪个数字呢？如果将行政职级设定为0—10分，您认为行政职级的重要性对您而言是哪个数字？

2. 您所在的高校或学院是否为辅导员提供了专业化培训进修（含学历晋升、职业资格的学习、挂职锻炼、语言或技能培训等）的费用、时间或机会？您认为这样的机会对于您作为辅导员的职业发展起到了怎样的作用？在您现在所处的职业发展阶段，您最需要哪个方面（比如心理、职涯、学生管理等）的培训？

3. 您所在的高校有辅导员协会或辅导员的研究机构（包括辅导员个人工作室）吗？您参加了吗？如果有，您觉得这样的机构设置对您的职业发展有帮助吗？对您的职业发展有哪些影响？如果没有，您认为高校应该建立这样的辅导员组织吗？

4. 您所在的高校对辅导员采取了绩效考核体系吗？考评结果是否进行了及时的反馈？您认为绩效考评是否有必要？您是否认同这样的体系？您认为绩效评价体系会对辅导员职业发展起到怎样的作用？

5. 您对所在的具体单位（二级学院等）的工作环境（物质环境、文化氛围和人际环境）满意度如何？满意和不满意的因素各是什么？学院领导、同事等为您职业归属感、职业素质的提升和职业发展提供了怎样的支持？您认为这样的工作环境及支持会对您职业的发展起到怎样的作用？您认为学院层面对处于不同生涯发展阶段的辅导员应该提供怎样的支持？

6. 包含以上提到的各项因素，也包括其他任何因素，您认为辅导员不同职业发展阶段的最大需要是什么？这种需要哪些应由学院提供，哪些应由高校来提供？

（五）综合性问题

1. 回顾整个辅导员从业经历：

①对您的职业生涯有重大影响或对您内心有强烈触动的事件是什么？可以详细描述一下吗？

②对您的职业生涯有重大影响的人是谁？他怎样影响了您？这些人和事在您未来的职业发展中发挥了怎样的作用？

2. 请您客观列举一下优秀辅导员最重要的四个胜任特征是什么。

附录三 关于辅导员职业生涯发展管理的职能部门领导访谈提纲

（一）开场语

尊敬的老师，您好。我是中央财经大学高校辅导员胜任力及职业生涯管理课题组的成员，希望通过关于辅导员职业生涯发展管理的专题调查，为高校相关政策的制定提供依据。

这次访谈的内容都是围绕辅导员职业生涯发展管理，也都是开放式问题。您根据工作经历、体会和思考，真实表达个人的看法即可。

另外还有一个要求，希望能够征得您的同意对访谈内容进行录音，主要是为了便于访谈资料的后期整理和分析。我们会对访谈内容严格保密，仅用作这项研究的分析和成文。资料使用时，我们也不会把姓名、工作单位等个人信息引入文章，而是通过重新编码，截取观点性语句以匿名的方式呈现在文章中，请您放心。

（二）引入型问题

1. 您是哪年毕业参加工作的？一直在这所高校吗？
2. 您在学工战线/人事部门/组织部门工作了多长时间？
3. 贵校辅导员的配置情况（人数），近年来的流动（流失）情况如何？您认为辅导员流动（流失）的原因是什么？
4. 您有没有担任辅导员的经历？有怎样的职业发展经历和体会？
5. 工作中您主要是通过哪些方式接触（或管理）辅导员的？
6. 您对辅导员队伍的整体认识及对高校辅导员组织职业生涯管理现状的整体看法如何？
7. 您认为目前高校辅导员职业发展中都存在哪些障碍？

（三）核心问题

1. 关于职业发展理念与生涯管理意识的问题。

①整体来看，您认为辅导员的职业生涯应该包括哪些职业发展阶段？应以什么来界定这些阶段（辅导员工作年限、职称，等等）？

②处于不同职业发展阶段的辅导员，应该怎样定位自己下一阶段职业发展目标？又该怎样定位长远的职业发展目标？高校是否有措施帮助辅导员明确职业发展目标和生涯发展规划？

③辅导员职业生涯发展目标的确定是否会受到高校内部环境（高校和学院环境）的制约？您认为会在哪些方面受到怎样的制约？

④如果辅导员能够明确自己的职业发展目标，并进行了有效职业生涯发展规划，您觉得这会对高校教育的效能（即达成预期教育结果或对学生、社会带来影响的程度）产生影响吗？会有怎样的影响？二者之间会呈现怎样的关系？

2. 关于职业生涯通道与专业化的问题。

①根据您的工作经验，认为辅导员职业生涯发展通道有哪些？

②有些高校为辅导员提供了校内外多岗位锻炼的机会，您怎么看？

③辅导员也可以在不同程度上参与专业技术职务及行政管理职务的评聘，您是否赞同？您认为高校应该在辅导员的职务评聘上给予怎样的支持？

④您认为辅导员是否（或者能否）具有专业化的发展方向？哪些指标可以描述辅导员的专业化水平？您认为怎样才是真正的辅导员专业化？

⑤您认为辅导员队伍的职业生涯发展与专业教师队伍、行政管理队伍的职业生涯发展最大的差异在哪些方面？差异形成的主要原因是什么？如何弥补辅导员职业生涯发展的不足？

3. 关于工作绩效考核与评价的问题。

①据您的了解，目前我国高校是否有相对完善的辅导员工作绩效考核体系？请举例。

②请您分别描述一下如何对辅导员工作绩效进行定性评价和定量评价。可以有哪些评价指标和评价方式？

③请您分别描述一下如何对辅导员工作绩效进行结果性评价和发展性评价。可以有哪些评价指标和评价方式？

④您认为定性评价和定量评价、结果性评价和发展性评价应如何协调？

⑤您认为辅导员工作绩效考核与评价体系的明确和严格执行、定期反馈，是否会对辅导员的职业生涯发展产生影响？会产生怎样的影响？

4. 关于职业培训体系的问题。

①请您谈一谈对辅导员全过程培训体系的认识。如岗前培训、在职培训、轮岗培训、学历培训等。

②请您谈一谈对辅导员全方位培训体系的认识。如思想政治工作培训、党团管理工作培训、心理健康教育工作培训、班级管理工作培训、学业辅导工作培训、职业规划工作培训等。

③您认为高校为辅导员提供哪些培训支持，才能够最有效地促进辅导员职业发展？如，经费支持、时间支持、工作任务调配支持、培训机会支持等。

5. 关于政策保障与激励机制的问题。

①在薪酬方面，您认为应该建立怎样的薪酬管理体系，以更加有效地

激励辅导员的工作与职业生涯发展？

②您认为高校应该如何进行辅导员工作事业感和成就感的培育？

③您是否认为高校应设立专门的辅导员职业生涯管理机构？如果是，请您描述一下这一机构应具备的管理职能及管理内容。

④谈一谈针对辅导员职业生涯发展管理，高校和学院层面应该各自在哪些层面进行规范化的管理制度建设，以保持高绩效辅导员，促进辅导员的职业成功。

（四）结语问题

1. 请您用四个简短的词汇来描述一下辅导员胜任工作的典型行为特征。

2. 对于我们的研究，您有何意见和建议？

感谢您的配合，祝您工作顺利，生活愉快！

附录四 《知情同意书》

尊敬的_____：

您好！

我是中央财经大学高校辅导员胜任力及职业生涯发展管理课题组的研究人员。本研究主要以首都高校辅导员为研究对象，通过调查问卷和数据收集，分析高校辅导员的胜任力水平、群体特征及其影响因素；通过质性访谈和资料分析，挖掘辅导员职业生涯发展管理的现状及有效途径，为高校相关政策的制定提供依据。衷心希望您能根据个人的工作经历、体会及思考，真实地表达您对每一个问题的看法，为本研究提供宝贵的资料。

本研究采用一对一访谈，访谈时间约为1.5小时。为了便于访谈资料的整理和分析，希望您能同意对访谈内容进行录音。研究者承诺：录音内容仅作为本研究的资料分析、编码等使用；为保护您的个人隐私和利益，您的姓名及个人资料都将隐匿，访谈内容将在研究报告中以匿名方式出现；访谈过程中，您有权利随时终止录音或访谈，有权利决定是否回答问题以及回答问题的深度；访谈后，您将收到访谈内容的文字整理稿，待您确认无误后才会在研究中使用。

若您对本研究有任何意见和建议,欢迎随时告知研究者。
衷心感谢您所提供的宝贵资料和对本研究的支持!

同意接受本研究的访谈,并同意研究者按照以上承诺使用访谈内容。
受访者:(请签名)联系方式:
承诺访谈过程及访谈内容的使用均遵循以上说明。
访谈者:(请签名)联系方式:

访谈时间: 年 月 日 至
访谈地点:

致　　谢

　　曾经看过一篇文章，说读博士是为了向外发现更大的世界，也是为了向内寻找真实的自己。但对于我来讲，在不惑的年纪能到北大教育学院读博士是圆了自己一个梦想，虽然这个梦想的最终实现远比我当初想象的艰难。回首五年的求学之路，虽然花费了比其他人更长的时间，但在教育学院学习的每个场景依然历历在目，与每位神交已久的学者的对话、与每位潜心苦读的同学的课后分享都还在耳边回响。

　　感谢文东茅老师和李文利老师，"成为懂理论的实践者"是他们在2010级Ed. D. 班开班仪式上对我们这届学生求学目标的注解，这份沉甸甸的嘱托令我时时自省，也激励我在身心俱疲时重新鼓起求学的勇气，坚定地向着这个目标不断前行。由衷地感谢我的导师鲍威副教授，面对全班同学中学科基础最差又缺乏基本学术训练的我，她以她的睿智与率真、对学生发展问题敏锐的洞察力、开阔的研究视野、深厚的实证研究功底以及对学术职业的痴迷与热爱、治学的勤奋与严谨始终对我"不抛弃不放弃"。即使在她出国期间，为了使论文指导不断线，她教会了我使用视频软件；在她生病休养时仍然通过邮件来指导我的论文，让我受益匪浅、恩情难忘。从论文的选题到修改完成，每一次导师的点拨都如同一缕阳光，让我在迷茫困惑中找到了出口而豁然开朗。博士学习的前期和中期，学业进展不畅，鲍老师的每封邮件和每个电话都直接而中肯，使我有如芒刺在背；当有所进步时，鲍老师又积极地给予了我肯定，坚定了我的信心；当自己处理不好工作、生活和学业之间的关系而感到压力过大、身心俱疲时，是鲍老师的安慰、支持和鼓励令我重新昂扬起斗志，获得了将博士学业进行到底的勇气和能量。

　　感谢丁小浩、阎凤桥、陈晓宇、岳昌君、朱红、杨钋等教育学院的老师们在开题和预答辩时给予的指导和建议，令我茅塞顿开，使我的研究少走了许多弯路；感谢我工作的中央财经大学，她见证了我从青涩到成长和成熟的历程,也给了我归属感、工作的成就感和选题的灵感;感谢我学生处的老领导叶飞,是他的提议和鼓励让我鼓起勇气考入了北大教育学院,经历了又一次艰难而幸福的学习历程;感谢教育主管部门的领导以及北京市高校学生工作战线的同人以及马克思主义学院冯秀军教授、商学院于广涛老师和林琳老师,他们在研究框架设计、问卷和访谈提纲设计、问卷发放、质性访谈以及资料收集、论文写作过程中给予了我无私的帮助和指导,使我的研究更有视野、更具针对性也更贴近现实;感谢北大的霍晓丹师姐和韦勇师兄,他们的研究成果成为我学习的对象,也给予了我很多的启发;感谢我的同事周晨、李健、才立琴、林艺茹和吕荣霞,他们在文献资料的收集和实证调查过程中都提供了很多帮助,付出了辛勤的汗水,令我难以忘怀;感谢我的父母、公公婆婆和我的先生,他们的支持、包容和对我生活上无微不至的关怀,使我得以在紧张的工作之余集中精力开展论文的写作;还有教育学院的侯华伟老师,我的班主任郭文革老师,同班同学赵静、高书杰以及我中财的很多同事、朋友和亲人对我的学习和论文写作都给予了很多关注、关心和鼓励,我将铭记在心。

匆匆过去的五年,边学习边工作,对于我来讲,能够顺利完成学业,结束论文写作,实属不易。这段难以忘却的学习经历也让我深刻体会到了陈毅元帅的"应知学问难,在乎点滴勤"的道理和王国维在《人间词话》中提到的做学问的"三重境界"。正是在老师、同人和同事们的陪伴、鼓励、支持和见证下,我一路走来,收获的不仅是学业的进步,更收获了师生情和同学情。师恩如山,情浓似血,真情难忘。

由于本人水平有限,本书有诸多不成熟之处,欢迎读者提出宝贵的意见和建议。今后我也将在学术研究的道路上继续前行,因为,当走完这条长长的求学之路后,我看见了未来更多的路、更多的可能,也看到了更大的世界、更自信的自己!